TASCHENATLAS DER SÜSSWASSERFISCHE FÜR DEN ANGLER

TASCHENATLAS DER SÜSSWASSERFISCHE FÜR DEN ANGLER

Text von
Jiří Vostradovský

Illustrationen von
Jiří Malý

DAUSIEN · HANAU/MAIN

5. Auflage 1982

Text: Ing. J. Vostradovský
Illustrationen: J. Malý
Ins Deutsche übertragen von H. Kačírková
Graphische Gestaltung: K. Drchal
VERLAG WERNER DAUSIEN · HANAU/MAIN
ISBN 3/7684/2391/3
3/02/18/52-05

Das Wassermilieu

Die Lebensbedingungen im Wasser sind im Prinzip die gleichen wie auf dem Land; Sonnenstrahlung als Wärme- und Lichtquelle, der zum Atmen erforderliche Sauerstoff, die zum Bau und Wachstum der Organismen notwendigen Nährstoffe und ein geeignetes Milieu. Und natürlich auch das Wasser, ohne das Leben im eigentlichen Sinn nicht denkbar ist. Das Wasser selbst ist hier im Überfluß vorhanden, bildet das Lebensmilieu an sich. Um so mehr kommt es da natürlich auf seine Güte und vor allem auf seine Reinheit an.

Das Wasser ist ein weitgehend spezifisches Lebensmilieu, was sich aus seiner chemischen und physikalischen Beschaffenheit ergibt. Chemisch reinem Wasser neutraler Reaktion kann man in der Natur nicht begegnen. Das Wasser enthält stets eine kleinere oder größere Menge löslicher Mineralsalze, die ihm eine bestimmte Härte verleihen und seine Reaktion beeinflussen. Das Wasser enthält außerdem gelöste Gase, wie Sauerstoff, Kohlendioxid u. a., und auch die im Wasser enthaltenen organischen Stoffe sind nicht bedeutungslos. Die Wärmeeigenschaften des Wassers sind ebenfalls von Wichtigkeit, sie machen das Wasser zu einem in bezug auf Temperatur ziemlich stabilen Milieu. Für das Leben im Wasser ist ferner der Umstand entscheidend, daß das Wasser seine größte Dichte schon bei 4 °C und nicht erst beim Gefrierpunkt aufweist; wichtig sind weiter die Volumen- und energetischen Veränderungen bei der Umwandlung des Wassers in Eis und umgekehrt.

Die grundlegenden Elemente sind die Algen und Pflanzen überhaupt, weil sie die Fähigkeit zur Assimilation — der Umwandlung mineralischer Stoffe in lebende Materie — haben.

Im Leben des Wassers spielt das Plankton die Hauptrolle; es besteht aus einer Vielzahl winziger Pflanzen- und Tierorganismen, die mehr oder weniger passiv im Wasser schweben. Der pflanzliche Teil des Planktons — das Phytoplankton — wird zum größten Teil von Algen gebildet, die die Primärproduzenten sind; der tierische Teil des Planktons — das Zooplankton — besteht aus mikroskopisch kleinen, aber auch bereits mit dem bloßen Auge erkennbaren Tieren, unter denen in wärmeren Gewässern kleine Krustentiere gewöhnlich am zahlreichsten vorkommen.

Viele Arten des Zooplanktons nähren sich von Algen, andere von anderen tierischen Planktonarten. Ebenso verhalten sich am Grund lebende oder an Pflanzen haftende Tiere, die als Benthos bezeichnet werden; es sind vor allem Larven amphibisch lebender Insekten, wie Eintagsfliegen, Köcherfliegen, Uferfliegen u. a., in Teichen und stehenden Gewässern hauptsächlich die Larven der Zuckmücken, die den Grund häufig mit ganzen Netzen von winzigen Gängen durchziehen, in denen sie leben. Das Benthos bildet eine wichtige, manchmal entscheidende Komponente der Nahrung jener Fische, die sich meistens am Grund aufhalten.

Ein wichtiges Zwischenglied in der Ernährung stellen die kleinen Fische dar, und zwar der Laich und die Jungen der sog. Edelfische oder Fische, die als Weißfische bezeichnet werden. Sie sind die Hauptkonsumenten des Planktons und werden dann eine Beute der Raubfische.

Wenn man vom Leben im Wasser spricht, sind auch die Schädlinge der Fische, ihre Feinde, zu erwähnen. Unter ihnen befinden sich Bakterien, Schimmelpilze, verschiedene Parasiten, wie zum Beispiel Fischegel, größere Krustentiere, wie die Karpfenlaus. Zu den schädlichsten gehören auch die Wasserraubinsekten oder ihre Larven. Sie fressen nicht nur Plankton und Benthos, wodurch sie die Fische der Nahrung berauben, sondern auch den Laich, den sie vernichten können. In bewirtschafteten Gewässern werden diese und andere Schädlinge mit modernen chemischen Mitteln bekämpft; sie werden auch mittels verschiedener Lichtfallen abgefangen u. a.

Atmosphäre und Land erwärmen sich um ein Mehrfaches rascher als das Wasser, und sie kühlen auch rascher ab. Das Meer, große Seen und große Staubecken beeinflussen das Klima ihrer Umgebung stark und machen es milder.

Das Wasser erwärmt sich hauptsächlich durch die direkte Wirkung der Sonnenstrahlung, die allerdings nur in eine bestimmte Tiefe eindringt. In größere Tiefe breitet sich die Wärme durch Leitung aus, die jedoch nicht sehr wirksam ist. Zum Teil kann sich das Wasser auch durch den Kontakt mit dem Ufer oder auch mit der Atmosphäre erwärmen. Eine wesentliche Rolle spielen ferner die Strömung oder das Durchmischen der oberen Wasserschichten durch den Wind.

Stehende Gewässer sind im Sommer an der Oberfläche am wärmsten, im Winter ist dies umgekehrt.

Die Temperatur bedeutet für das Leben im Wasser und für seine Bewohner einen wichtigen Faktor. Fische und andere Wasserbewohner haben nämlich eine von der Umgebung abhängige veränderliche Bluttemperatur. Je niedriger die Temperatur ist, um so langsamer spielen sich die Lebensprozesse ab.

Von der Temperatur des Wassers hängt es auch ab, ob der Fisch überhaupt laicht. Die befruchteten Eier entwickeln sich um so rascher, je wärmer das Wasser ist.

Die Hauptquelle des ins Wasser fallenden Lichtes ist die Sonne, bei Nacht kommt der Schein des Mondes oder auch der Sterne in Betracht. Die Sonnenstrahlung besitzt für das Leben im Wasser grundsätzliche Bedeutung, weil sie die für die Photosynthese erforderliche Energie liefert. Sie dringt jedoch nicht tief unter die Wasseroberfläche.

Für die Fische ist das Licht sehr wichtig, weil es ihnen hilft, sich auf der Nahrungsuche zurechtzufinden. Erfahrungen haben gezeigt, daß Fische offenbar auch ganz geringe Lichtmengen wahrnehmen.

Im Lauf des Tages schwankt die Sichttiefe des Wassers sehr, sie hängt vom Sonnenstand und von der Beschattung durch Wolken ab. Nicht alle Strahlen, die auf die Wasserfläche auffallen, durchdringen sie und erhellen das Wasser. Dies ist nur dann der Fall, wenn die Sonnenstrahlen unter einem Winkel von 90°, also senkrecht, auf den Wasserspiegel auffallen. Das kommt nur in den Tropen in Betracht, und auch dort nur eine beschränkte Zeit lang. Je niedriger die

Sonne steht, um so mehr Licht reflektiert die Wasserfläche. Die Dämmerung setzt deshalb unter dem Spiegel der Seen, Staubecken und Flüsse viel früher ein als in der Landschaft ringsum, und danach muß auch der Angler die richtige Stunde für den Beginn seiner nächtlichen Jagd wählen.

Die Intensität des Lichts, das unter die Wasserfläche eingedrungen ist, nimmt nach der Tiefe zu rasch ab. Besonders deutlich wird dieser Rückgang, wenn es dunkelt und die Tiefen sich schneller in Finsternis hüllen. Zu dieser Stunde steigt das Plankton an die Oberfläche, vor allem das Zooplankton; ihm folgen die kleinen Fische und diesen schließlich die Raubfische. Dies muß in Betracht gezogen werden beim Angeln in der Dunkelheit an Seen und Staubecken. Das Eis bildet an der Oberfläche ein natürliches Filter, das 80 bis 90 % Licht absorbiert. Wenn aber eine Schicht von nur wenigen Zentimeter Schnee auf das Eis fällt, wird es im Wasser fast gänzlich dunkel.

Das Wasser wird als eine Welt der Stille bezeichnet, und von den Fischen nimmt man allgemein an, daß sie stumm sind. Die Forschung hat erwiesen, daß auch die Fische im Wasser Laute von sich geben, die das menschliche Ohr im allgemeinen ohne Hilfsmittel allerdings nicht wahrnehmen kann. Nur manche tropischen Fische erzeugen Töne, die auch auf größere Entfernung hörbar sind. Unsere Fische geben Töne unterschiedlichen Ursprunges und wohl eher in Notlagen von sich.

Was der Angler vom Körperbau der Fische wissen soll

Das Hauptstützorgan des Fischkörpers ist das Skelett. Bei den entwicklungsmäßig niedrigeren Fischen, zum Beispiel den Stören, besteht das Skelett noch aus Knorpelsubstanz; bei den höheren Fischen wird es vor allem von dem axialen Stützteil, d. h. dem Rückgrat, den Rippen, den Zwischenmuskelknochen (Gräten) und dem anhängenden Teil gebildet, der manchmal als Gliedmaßenskelett bezeichnet wird und an dem die Flossenmuskeln befestigt sind.

Das Rückgrat der Fische ist von ungleicher Länge. Es besteht im allgemeinen aus 40 bis 80 Wirbeln; lange Fische, wie der Aal, können auch 200 Wirbel haben. Wichtige Kopfknochen sind die flachen Kiemenknochen, nach denen sich — besonders bei Karpfen, Barsch, Schleie und Hecht — Alter und Wachstum der Fische gut feststellen lassen.

Das anhängende Skelett wird vom Skelett der Gliedmaßen, der Flossen, gebildet.

Das Skelett der Fische ist von Muskeln eingeschlossen, von denen es zweierlei Arten gibt: aus quergestreiften Fasern bestehen die Bewegungsmuskeln; glatte Muskeln findet man in den Innereien. Selbständige Muskelgruppen gibt es am Kopf, am Rumpf und an den Flossen. An den Körperseiten liegen starke Seitenrumpfmuskeln, die die Fortbewegung im Wasser ermöglichen. Die Rumpfmuskulatur wird von Muskelsegmenten gebildet, denen gewöhnlich auch die Zahl der Schuppen in den senkrechten Reihen entspricht.

Bei der Ernährung und Atmung spielt das Blut eine wichtige Rolle. Im Verhältnis zum Körpergewicht haben die Fische viel weniger Blut als die landbewohnenden Organismen und die Süßwasserfische wiederum mehr als die Seefische; bewegungsaktive Fische besitzen mehr Blut als Fische mit an einen bestimmten Standort gebundener Lebensweise und von letzteren die Lachsfische mehr als die Karpfenfische. Das Blut nimmt etwa ein Fünfzigstel des Gesamtgewichtes des Fisches ein.

Aus dem Herzen wird das Blut in das Hauptatmungsorgan des Fisches, in die Kiemen, gepumpt, wo es mit Sauerstoff angereichert wird. Die Kiemen befinden sich an der Rückseite der vier mit den Kiemendeckelknochen verdeckten Kiemenbögen an den Kopfseiten. Die Vorderseite der Kiemenbögen ist mit den Kiemenstäbchen bedeckt, deren Zahl ein wichtiges Unterscheidungsmerkmal zum Beispiel bei den Seeforellen darstellt. Gegenüber sitzen die Kiemenblättchen auf. In ihnen verzweigen sich die Blutkapillaren, die den Austausch der Gase im Wassermilieu besorgen. Ihre Oberfläche ist ziemlich groß. Außer durch die Kiemen können die Fische behelfsweise durch die Haut, den Darm und die Haut der Mundhöhle atmen.

Die Verdauungsorgane beginnen mit der Maulöffnung und der Mundhöhle, aus der die Nahrung in den Rachen, den Schlund und den Magen gelangt. An den Magen schließt der Dünndarm an, der in den Dickdarm und in den After übergeht. Im Maul des Fisches erfolgt noch keine Verdauung. Die Zähne der Raubfische erneuern sich von Zeit zu Zeit, sie dienen nur zum Festhalten der Beute. Die Friedfische, zum Beispiel die Karpfenfische, haben paarige Schlundzähne, mit denen sie gröbere Bissen zerkleinern. In die Falten der Magenschleimhaut münden Drüsen, die Säfte aussondern, welche die Nahrung zersetzen und die Verdauung erleichtern. In den Dünndarm mündet der Gallenleiter. Hungrige Fische haben einen großen Galleninhalt, die Galle vollgefressener Fische ist gewöhnlich viel kleiner. Bei den Friedfischen kann auch der Magen gänzlich fehlen; die Verdauung erfolgt dann erst im Darm, der deshalb länger ist.

Ein wichtiges Organ der echten Fische ist die Schwimmblase. Sie hilft dem Fisch, aus einer Tiefe in eine andere zu schwimmen; mit dem Volumen der Schwimmblase verändert sich das spezifische Gewicht des Fisches. Die Schwimmblase erfüllt überdies die Funktion eines hydrostatischen Organs.

Die europäischen Süßwasserfische sind — von wenigen Ausnahmen abgesehen — stets getrenntgeschlechtlich, und zum Laichen wandern sie häufig an bestimmte Laichplätze. Die Weibchen stoßen die Eier — den Rogen — aus, und diese werden von den Spermien, der Milch der Männchen, befruchtet. Die Einzahl schwankt bei den einzelnen Fischarten und -größen beträchtlich. Am fruchtbarsten sind jene Arten, die Rogen und Milch frei ins Wasser abscheiden (Quappe); nach ihnen sind die Fische zu nennen, die den Rogen an Wasserpflanzen absetzen (Karpfen). Die am wenigsten fruchtbaren Fische bewachen gewöhnlich den Rogen (Stichling). Der Umfang der Geschlechtsorgane vergrößert sich im Lauf des Jahres, wenn sich die Laichzeit nähert, und erreicht manchmal auch ein

Viertel des Körpergewichtes des Fisches. Das Reifen des Rogens wird neben dem physischen Zustand des Fisches vor allem durch die Temperatur beeinflußt.

Nach der Zeit des Laichens können die Fische in drei Gruppen eingeteilt werden: Im Frühling pflanzen sich Karpfenfische, Barsche, Welse, im Herbst zum Beispiel die meisten Lachsfische und im Winter zum Beispiel die Quappe fort.

Im Leben der Fische spielt das Nervensystem eine wichtige, eine übergeordnete Rolle. Es besteht aus dem zentralen (Gehirn, Rückenmark) und dem peripheren (Nerven und Nervenknoten) System. In der Form und Größe des Gehirns der verschiedenen Fischarten bestehen beträchtliche Unterschiede. Bei allen Fischen jedoch bildet das Gehirn nur ein Tausendstel des Körpergewichtes. In den einzelnen Gehirnteilen sind die Zentren der Sinnesorgane konzentriert.

Der Aufenthalt im Wasser hat bei den Fischen ein Organ notwendig gemacht, dem man bei Landbewohnern nicht begegnet, die Seitenlinie, eines der wichtigsten Sinnesorgane der Fische. Sie wird von einem Gang gebildet, der an den Körperseiten in der Haut verläuft und mit dem Außenmilieu durch kurze senkrechte kleine Gänge — Poren — verbunden ist, die durch die Schuppen hindurchgehen. An den Schuppen kann man diese von Schleim erfüllten Kanälchen beobachten. In sie münden die Sinneszellen. Deshalb vermögen manche Fische auch bei Erblindung Nahrung zu suchen bzw. auszumachen. Die Seitenlinie ist nicht bei allen Fischen in gleichem Maß ausgebildet.

Die Augen der Fische entsprechen im Bau im großen und ganzen den Augen der höheren landbewohnenden

Wirbeltiere. Nur die Hornhaut ist bei ihnen flacher und die Linse kugelförmig. Den äußeren Teil des Auges bildet das Augenweiß, das vorn in die Hornhaut übergeht. Das Auge wird durch eine Aderhaut ernährt, die reich mit Blutkapillaren ausgestattet ist. Bei manchen Fischen ist die Aderhaut mit einer Schicht verbunden, die das Phosphoreszieren der Augen verursacht, das wir zum Beispiel vom Zander kennen. Dieses Phosphoreszieren verbessert auch in leicht getrübtem Wasser das Sehvermögen.

Gleich auf den ersten Blick fällt die unterschiedliche Größe des Fischauges auf. Es ist erwiesen, daß die Augengröße dem Sehvermögen des Fisches direkt proportional ist. Die Fische können in „lichtliebende" (Hecht, Forelle, Barsch, Elritze, Stichling, Bitterling, Moderlieschen, Gründling) und in „dunkelheitliebende" (Blei, Kaulbarsch, Güster, Aal, Barbe, Quappe) eingeteilt werden. Dies hängt nicht allein mit ihrer Lebensweise zusammen, sondern ist auch durch das Sehvermögen dieser Fische begründet.

Alle Süßwasserfische sehen farbig, wenn auch nicht mit einem solchen Unterscheidungsvermögen.

Lange wurde bestritten, daß der Fisch hört, aber es wurde nachgewiesen, daß er nicht „taub" ist. Versuche sind bekannt, bei denen die Fische lernten, auf bestimmte Tonimpulse zu Stellen zu schwimmen, wo ihnen Nahrung gereicht wurde, und dies lernten auch erblindete Fische. Das Gehörorgan ist nur in Form eines inneren Ohres vorhanden, d. h. eines in ein Knochengehäuse eingeschlossenen häutigen Labyrinths. Die Labyrinthöhle ist mit einer Flüssigkeit gefüllt, in der sich die aus Kalk bestehenden Gleichgewichtssteinchen — Otolithen — befinden, nach denen auch das Alter des Fisches bestimmt werden kann.

Bei manchen Fischarten, zum Beispiel beim Karpfen und Wels, ist das Gehörorgan mit der Schwimmblase durch das System der sog. Weberschen Knöchelchen verbunden. Änderungen des Volumens der Schwimmblase, die mit einer Veränderung der Lage des Fisches in verschiedenen Tiefen verbunden sind, werden mittels dieses Systems durch das häutige Labyrinth, d. h. das Gleichgewichtsorgan, wahrgenommen.

Das Geruchsorgan wird mit dem Vorhandensein zweier Geruchsgrübchen in Verbindung gebracht, mit deren Hilfe die Fische sehr empfindlich bittere von süßen Stoffen zu unterscheiden vermögen. Hierbei helfen ihnen auch die Sinneszellen in der Mundhöhle und auf der Haut. Diesen Umstand nutzen die Angler reichlich beim Fang von Bleien, Plötzen, Rotfedern und Karpfen, indem sie dem als Köder verwendeten Teig verschiedene Geschmacksstoffe zusetzen.

Besonders stark konzentriert sind die Geruchszellen gewöhnlich in den sog. Geschmacksbechern an den Barteln in Maulnähe. Mit Hilfe der Barteln vermögen die Fische weite Bodenflächen zu durchforschen. Die langen Bartfäden, zum Beispiel des Welses, dienen keinesfalls dazu, das Opfer in das Maul des Welses zu locken oder zu ziehen. Ihre Zahl stellt überdies ein Merkmal dar, das für die Unterscheidung der Arten wichtig ist. Geruchs- und Geschmacksinn helfen wahrscheinlich manchen Lachsfischen, den Geruch des Heimatflusses zu erkennen und in die Gewässer zurückzukehren, in denen sie geboren wurden.

Ein wichtiges Schutzorgan des Fischkörpers bildet die Haut, sie schützt den Fisch vor äußerlichen Verletzungen und ermöglicht ihm das Leben im Wasser. Auf der Hautoberfläche befindet sich eine dünne, aus mehreren Schichten bestehende Epidermis mit einer großen Zahl von Schleimzellen darunter, die schlüpfrige Schutzstoffe aussondern. Diese Stoffe erleichtern es dem Fisch, den Widerstand des Wassers zu überwinden. Je weniger Schuppen der Fisch hat, um so mehr Schleim produziert er. In manchen Fällen kann die Epidermis auch hornartig werden, sich verhärten, wie dies in der Gestalt der kleinen und größeren Knötchen an den Karpfenfischen bekannt ist (Laichausschlag). Meistens sind diese Knötchen ziemlich regelmäßig am Kopf und am Rumpfoberteil verteilt und reichen nur selten unter die Seitenlinie. Sie erleichtern, zum Beispiel im Fall der Plötze, der Schleie und anderer Fische, die Bestimmung des Geschlechtes; gewöhnlich kommen sie zur Laichzeit nur an den Männchen vor, selten bei Weibchen, und an diesen nur schwach ausgeprägt. Unter der Epidermis befindet sich eine als Lederhaut (Cutis) bezeichnete Schicht, die für die Fische unter anderem deshalb wichtig ist, weil sich darin die Schuppen bilden.

Schuppen, Wachstum und Alter der Fische

Ein charakteristisches Merkmal des Fischrumpfes bilden die Schuppen. In den meisten Fällen bedecken die Schuppen nur den Rumpf, aber bei manchen Arten können sie auch den Kopf oder die Schwanz- sowie auch andere Flossen überziehen. Ihre Funktion besteht vor allem im Schutz. Nach den Schuppen läßt sich auf das Alter und Wachstum der Fische sowie auf den Gehalt des Wassers an Nährstoffen schließen.

Struktur und Anordnung der Schuppen sind bei den verschiedenen Fischarten verschieden. Die im vorliegenden Buch beschriebenen Süßwasserfische haben sehr dünne Schuppen, die meistens in schrägen Reihen liegen. Der Vorderteil jeder Schuppe sitzt tief in der Lederhaut und ist von oben durch den hinteren Teil der vorhergehenden Schuppe überdeckt. Die dachartige Überdeckung der Schuppen erleichtert sehr die Bewebung des Fisches. Die Zahl der Schuppenreihen entspricht deshalb meistens der Zahl der Muskelsegmente und der Wirbel.

Die aus dem Rogen geschlüpfte Brut ist völlig nackt, Schuppen fehlen ihr. Diese erscheinen erst später, und die Zeit ihres Ansetzens ist nach der Art spezifisch.

Ein wichtiges systematisches Unterscheidungsmerkmal der Fische, deren Rumpf mit Schuppen bedeckt ist, ist die Zahl der Schuppen in der Seitenlinie.

In Abhängigkeit vom Wachstum des Fischrumpfes vergrößert sich auch die Fläche der einzelnen Schuppen. Rings um die Schuppengrundplatte werden unablässig neue Lamellen — Sklerite (Ringleisten) abgelagert. Bei Durchsicht durch die Schuppe lassen sich konzentrische dunkle und helle Schichten beobachten, die an die Jahresringe der Bäume erinnern. Allerdings entsprechen die einzelnen Lamellen nicht den Jahren; sie lagern sich unregelmäßig ab in Abhängigkeit von der Intensität des Wachstums des Fisches. Im Lauf des Jahres wachsen, wenn der Fisch rasch wächst, breite Lamellen; in Zeitabschnitten, da der Fisch fast nicht wächst, lagern sich schmale Lamellen ab. Ein ähnlicher Wechsel dunkler und heller Zonen läßt sich auch an manchen Fischknochen beobachten. Schuppen, Knochen und Gehörsteinchen

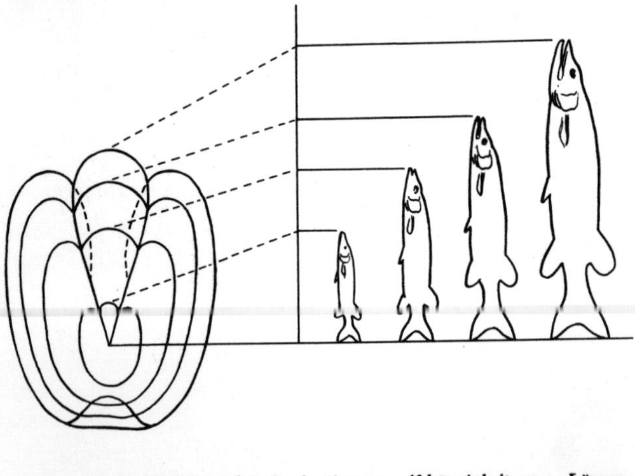

1. Die Fischschuppe wächst in bestimmter Abhängigkeit vom Längenwachstum des Fisches. Jahreszuwachs der Schuppen eines Hechtes in Abhängigkeit von seiner Länge

dienen zum Studium der Schnelligkeit des Wachstums und des Alters der Fische. Mit Hilfe der Fischschuppen kann man sich aber auch noch andere Auskünfte verschaffen. Die Kenntnis des Wachstums und des Zuwachses ist für die Wirtschaft von großer Bedeutung, denn mit Hilfe dieser Daten kann man die Fischproduktion des Gewässers beurteilen.

Die Süßwasserfische erreichen kein hohes Alter. Das höchste Alter — bis 78 Jahre — erreicht der größte Süßwasserfisch, der Hausen. Der Sterlet kann 24 Jahre alt werden. Allgemein läßt sich sagen, daß das Alter der Fische in vielen Fällen von ihrer Größe abhängt. In einem weitläufigen und wenig befischten Wassermilieu mit günstigen Lebensbedingungen findet man größere Fische, bei denen auch die Voraussetzung dafür besteht, daß sie ein höheres Alter erreichen.

Die Fische und das Wassermilieu

Form des Fischrumpfes. Am häufigsten haben die Fische einen torpedo- bzw. spindelförmigen Körper, der vor allem für gute Schwimmer typisch ist, die sich in der Regel räuberisch ernähren. Im Querschnitt ist

2. Die unterschiedlichen Körperformen der Fische sind auch für deren Lebensweise im Wasser charakteristisch

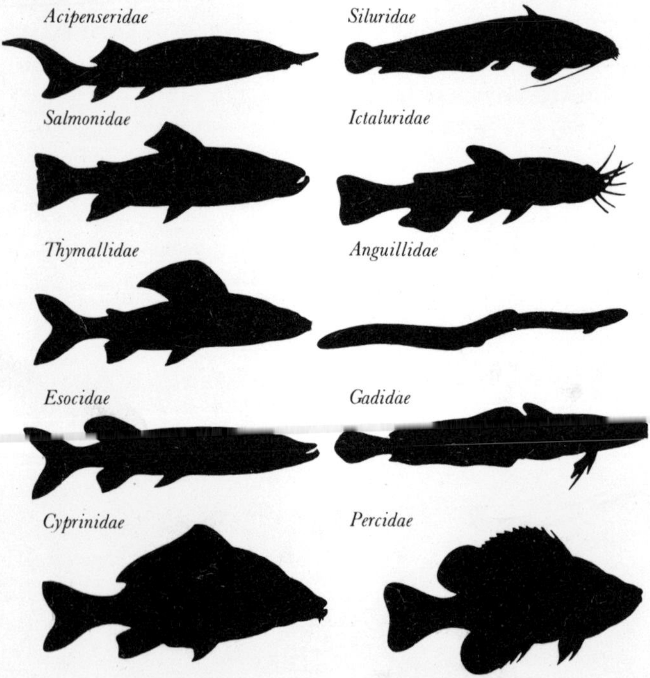

ihr Körper kreisförmig. Die Flossen sind gleichmäßig entwickelt, so daß der Körper starker Wasserströmung nicht unnötigen Widerstand entgegensetzt (Lachs, Forelle, Huchen). Eine solche Form weisen in geringerem Maß auch Friedfische auf, aber unter diesen natürlich wiederum nur gute Schwimmer (Döbel, Hasel).

Eine andere Körperform — eine scheibenförmige — findet man bei Fischen, die sich vorwiegend in ruhigen, d. h. in stehenden oder langsam fließenden Gewässern aufhalten. Sie ist für verschiedene Karpfenfische charakteristisch. Diese Fische haben einen seitlich — vertikal — abgeflachten Körper. Einen scheibenförmigen Körper haben auch Fische, die hauptsächlich am Grund leben. Ihr Körper ist an der Bauch- und an der Rückenseite — dorsoventral — abgeflacht. Bei den Fischen mit scheibenförmigem Körper ist gewöhnlich ein Flossenpaar übermäßig stark entwickelt oder für die Funktion des Ansaugens ausgebildet. Zwischen der Torpedo- und der Scheibenform gibt es eine ganze Reihe von Zwischen- bzw. Übergangsformen.

Manche Fischarten haben einen zylindrisch geformten Körper mit kreisförmigem Querschnitt, es wird manchmal von einer aalförmigen Körpergestalt gesprochen. Es handelt sich dabei um typische Grundfische. Die Flossen sind den welligen Bewegungen des Körpers angepaßt und haben häufig die Gestalt eines langen Saumes.

Form des Kopfes und der Schwanzflosse. Das Maul des Fisches, seine Form und Stellung entsprechen der Ernährungsweise und der Art der aufgenommenen Nah-

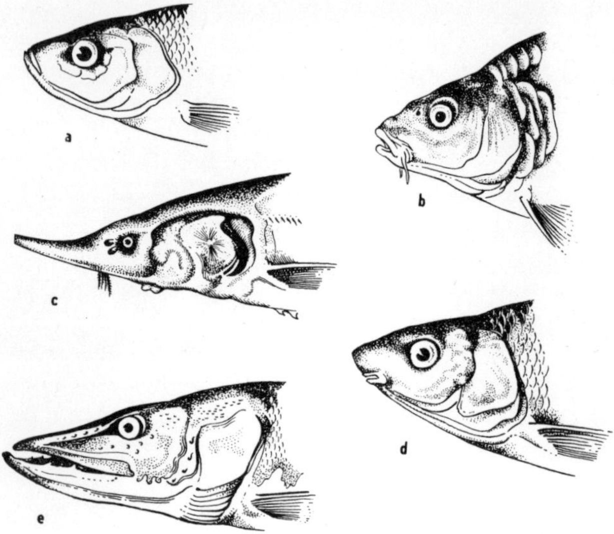

3. Verschiedene Arten der Maulstellung

a) oberständiges Maul (Ziege)

b) endständiges Maul (Karpfen)

c) unterständiges Maul (Stör)

d) das hornige Maul der Nase dient zum Abkratzen der Nahrung (Algen) von Steinen u. dgl.

e) das weit aufreißbare Maul eines Raubfisches (Hecht)

rung. Fische, die sich von Plankton nähren, haben ein mittelgroßes, gewöhnlich nicht vorstreckbares Maul mit kleinen oder gar keinen Zähnen. Eine andere abweichende Form haben die Saugmäuler: Ihre

Mäuler sind mehr oder weniger röhrenartig, manchmal vorstreckbar. Die Fische saugen mit ihnen am Boden liegende Organismen oder auch Plankton an. Raubfische haben weit aufreißbare Mäuler mit starken und unterschiedlich bezahnten Kiefern; man spricht von Schnappmäulern.

Nach der Stellung bzw. Lage des Mauls unterscheidet man ein oberständiges Maul; es zeigt, daß die Nahrung von der Wasseroberfläche oder aus dessen oberster Schicht aufgenommen wird (Abbildung Nr. 3). Ein unterständiges Maul hat beispielsweise die Nase, die sich durch Abkratzen von Algenanwüchsen von Steinen ernährt. Ein endständiges Maul haben der Karpfen, die Plötze, der Döbel. Es gibt aber noch viele andere Formen von Fischmäulern.

4. Verschiedene Formen der Schwanzflosse:
a) gerade *b) ausgeschnitten* *c) abgerundet* *d) unsymmetrisch*

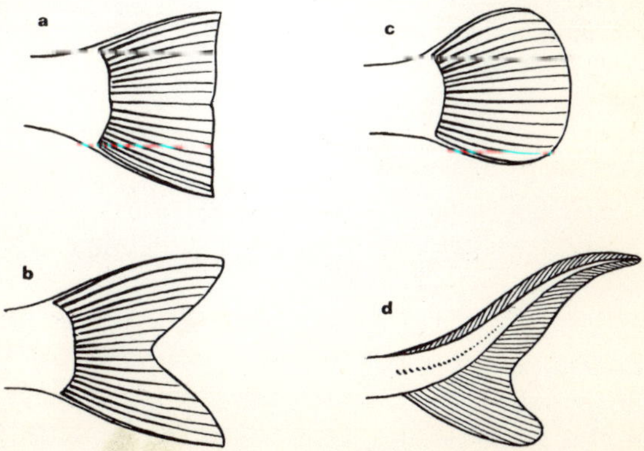

Ähnlich wie der Körper und der Kopf des Fisches weist auch die Schwanzflosse die unterschiedlichsten Formen auf.

Veränderlichkeit der Färbung. Die Färbung des Fischkörpers ändert sich nicht allein im Lauf eines Jahres, sondern wird außerdem durch den psychischen Zustand des Fisches und das Milieu beeinflußt. Eine frischgefangene Forelle leuchtet in hellen Farben. Wenn man sie in ein Gefäß mit hellem Boden bringt, verändert sich ihre Färbung binnen weniger Minuten.

Alle Arten passen sich den Farbbedingungen und den Unterschieden des Milieus, besonders der Bodenbeschaffenheit, an. Die Färbung erfüllt so in hohem Maß auch eine Schutzfunktion. Auch die Wassertemperatur, die Sauerstoffmenge, Trübung und Intensität der Beleuchtung beeinflussen die Farbveränderungen der Fischhaut.

Es wurde nachgewiesen, daß die Fische durch Veränderungen in der Färbung einander Informationen über Vermehrung, Nahrung, Schutz und Schwarmbildung übergeben können.

Unterschiedliche Lebensbedingungen und -ansprüche der Fische. Wie sehr das Milieu das Vorkommen der einzelnen Fischarten bedingt, läßt sich in fließenden Gewässern gut beobachten. Hier spielen vor allem die Bodenneigung und daher auch die Schnelligkeit der Strömung, die im Wasser aufgelöste Sauerstoffmenge und die Temperatur des Wassers eine wichtige Rolle.

Für Fische dieser Region, die als Forellenregion bezeichnet wird, ist starke Muskulatur des Körpers charakteristisch.

Wo sich die Strömung verlangsamt, ist das Wasser noch relativ kühl. Zwischen den beiden Regionen besteht ein allmählicher Übergang. Eine charakteristische Komponente der Nahrung bilden hier verschiedene Insektenlarven und allgemein Organismen, die durch ihre Lebensweise an den Grund gebunden sind.

An Stellen, wo bereits Mäanderbildung eintritt, findet man in Flußarmen und an Schwemmufern häufiger sumpfige Anschwemmungen. Diese sog. Barbenregion wird in den ruhigeren Teilen oder in Altarmen auch von großen Raubfischen, besonders Hechten und Barschen, bewohnt.

In den Niederungen (Ebenen) bleiben die Flüsse fast stehen, hier siedeln sich verschiedene Wasserpflanzen in zusammenhängenden Beständen an. Die Wassertemperatur weist im Lauf des Jahres große Schwankungen auf, und dies gilt auch für den Sauerstoffgehalt des Wassers. Eine bedeutende Rolle in der Ernährung der Fische spielt hier immer das Plankton. Der Grund ist gewöhnlich weich und bietet hinreichend Benthos als Nahrung für die Karpfenfische. In geringerem Maß kann auch Plankton zur Ernährung der Fische beitragen. Die Region wird als Bleiregion bezeichnet.

An der Mündung der Flüsse ins Meer vermischt sich das süße mit dem Meerwasser, wodurch sog. Brackwasserregionen entstehen; hier findet man typische Süßwasserfische, aber auch küstenbewohnende Meerfische.

Wanderungen der Fische und Änderungen ihrer Standorte. Allgemein läßt sich sagen, daß die Fische dorthin ziehen, wo sie günstigere Lebensbedingungen finden. Danach spricht man von Wanderungen zu den Laichplätzen, zur Nahrungssuche, zum Überwintern. In unseren Binnengewässern leben mehrere Fischarten, die lange Strecken zurücklegen, vom Meer in die Flüsse zum Laichen, wie der Lachs, die Meerforelle, die Störe, oder die umgekehrt aus den süßen Gewässern ins Meer ziehen, wie zum Beispiel der Aal.

Standortveränderungen der Fische werden durch Markierung der Fische untersucht. Die Markierung hat zur Feststellung beigetragen, daß manche Arten weitgehend standorttreu sind. Manche Fische, zum Beispiel der Blei, sind imstande, nach einem künstlichen Standortwechsel, einer Umsetzung, an den ursprünglichen Ort zurückzukehren.

Nahrung und Anbeißen der Fische

Die genaue Zeit der Nahrungsaufnahme durch die Fische zu kennen, wünschen sich zweifellos die meisten Angler. Aber auch hier spielen die verschiedensten Umstände mit, und es ist kaum möglich, eine genaue Anleitung dafür zu geben.

Die positive oder negative Reaktion der Fische auf Licht ist eine Folge gewisser erblicher Schutzanpassungen. Die kleinen Fischchen halten sich an der Oberfläche auf, wo sie mehr aufgelösten Sauerstoff und Nahrung finden und den Raubfischen, die sie verfolgen, zu entgehen suchen. Als allgemeine Regel läßt sich sagen, daß positiv, d. h. mit zum Licht gerichteter Bewegung, vor allem Fischarten reagieren, die sich von Plankton nähren und dieses mit dem Sehvermögen und mit Hilfe des Lichtes suchen. Arten, die sich am Grund ernähren, zum Beispiel der Aal, reagieren auf Licht umgekehrt. Die meisten Fische, und vor allem jene, die zur Nahrungssuche ihr Sehvermögen benutzen, beginnen mit der Nahrungsaufnahme bei Tagesanbruch, und solange sie nicht satt sind, suchen sie den ganzen Tag lang Nahrung. Die Morgendämmerung bedeutet für sie das Zeichen und den Impuls, mit der Nahrungsaufnahme zu beginnen. Für Fische, die sich bei der Nahrungssuche nicht vom Sehvermögen leiten lassen, hat das Licht seine signalisierende Bedeutung verloren. Den meisten Fischen hilft das Licht auch bei der räumlichen Orientierung.

Fast alle kleinen Fischarten und jegliche Brut der Raub- und Friedfische nährt sich von kleinen Wassertierchen, meistens von planktischen Krustentierchen. Manche Hüpferlinge ernähren sich räuberisch, andere filtrieren wie die Wasserflöhe die kleinsten Planktonarten und Sinkstoffe aus. Die kleinste Fischbrut frißt mit Vorliebe die kleinen, aus den Eiern geschlüpften Larven und Rädertierchen vieler Arten sowie unterschiedlicher Größen.

Die den Grund stehender Gewässer bewohnenden Tiere sind meistens größere Organismen. Es sind dies vorübergehend im Wasser lebende Tiere, wie Larven und Puppen von Wasserinsekten, besonders Larven der Zuckmücke, ferner dauernd am Grund lebende Würmer und Weichtiere.

In rascher fließenden Gewässern ist die Lage anders. Dort findet man bewegliches Benthos, aber auch solches, das sich fest an einer Stelle hält. In die erste Gruppe gehören die Larven der Eintagsfliegen, der Uferfliegen, mancher Köcherfliegen, Flohkrebse; die zweite Gruppe wird zum Beispiel durch andere Arten der Köcherfliegen, die Larven der Stilettfliegen, Weichtiere vertreten. Mehr Larven und infolgedessen auch mehr Fische findet man an Stellen mit gröberen Steinen als auf einem Abschnitt mit sandigem Boden, wo die Fische weder Nahrung noch Deckung finden. Eine Vielzahl der verschiedensten Larven hält sich unter den Steinen auf, wo auch geeignete Köder zum Angeln zu finden sind.

Die Raubfische brauchen etwa 4 bis 6 kg Nahrung, um ein Kilogramm zunehmen zu können. Diese Menge schwankt; sie hängt von den Körpermaßen des Raubfisches, den Nahrungsbeständen und der Wassertemperatur ab. Je wärmer das Wasser ist, um so rascher erfolgt die Verdauung und umgekehrt. Je kleiner der Raubfisch ist, um so kleiner ist auch sein Nahrungsbedarf, der stets mit den Gewichtszunahmen im Einklang steht.

Die Zeit, in der Raubfische die gefressenen Fische verdauen, variiert stark und hängt auch davon ab, welche Fische verzehrt wurden. Von Bedeutung ist außerdem die Zahl der gefressenen Fische. Durch langfristige Beobachtungen wurde festgestellt, daß die meisten Raubfische in den Verdauungsorganen (im Darmtrakt) nur einen oder zwei kleinere Fische haben, auch wenn natürlich häufig Ausnahmen vorkommen. Die Quappe zum Beispiel frißt in der Regel mehrere Fische. Nicht unwichtig ist schließlich die Größe des Raubfisches: Ein größerer verdaut langsamer als ein kleinerer. Für den Fang des Hechtes mit lebendigem Köderfisch ist wichtig, daß 80 % aller gefressenen Fische mit dem Kopf zuerst gefressen wurden. Dies sollte bei der Befestigung des lebenden Köders am Haken nicht vergessen werden.

Im Laufe warmer Sommertage kann es bei optimalen Lebensbedingungen aufgrund starker Algenbildung geschehen, daß sich die Oberfläche des Stausees mit einer undurchsichtigen Algenschicht bedeckt — unter diesen Umständen beißen die Fische nicht an. Es handelt sich um ein Überhandnehmen der Algen, das unter Anglern häufig als „Wasserblüte" bezeichnet wird. Die hauptsächlichste ungünstige Folge für die Fische besteht in der Veränderung der chemischen Beschaffenheit des Wassers. An den betreffenden Stellen schwanken bei Tag und Nacht stark der Gehalt an Sauerstoff sowie an Kohlendioxid und der pH-Wert des Wassers. Die Algen wachsen rasch, sterben ab und sinken zu Boden, wo sie sich zersetzen und dem Wasser eine große Menge Sauerstoff entziehen. Einen Fang sucht man in derartigen Fällen an der Oberfläche oder an Stellen, von wo der Wind die Algen forttreibt.

Die Wirkung künstlicher Köder auf Raubfische wurde wissenschaftlich nicht nur an verschiedenen Seefischarten, sondern auch an Süßwasserfischen erprobt. Es wurde festgestellt, daß die Form künstlicher Köder mannigfaltig sein kann. Entscheidend für ihre Wirkung sind stets gute Sichtbarkeit und Beweglichkeit. Deshalb sind künstliche Köder meistens gold- oder silberfarben, und besonders wirksam sind rotierende Blinker (Spinner). Nicht minder wichtig für erfolgreiche Angelei mit künstlichen Ködern ist die Bewegung des angebotenen Lockmittels in waagerechter Ebene.

Der Fang von Friedfischen mit künstlichem Köder wird durch mehrere Faktoren beschränkt. Eine wichtige Rolle spielen hier die Köder, ihre Farbe, Form und Größe sowie ihr Geschmack. Allgemein läßt sich sagen, daß Friedfische auf die angebotene Nahrung besser reagieren, wenn sie sich leise bewegt, während Raubfische eine in heftiger Bewegung vorbeigleitende Nahrung fesselt. Die Art der Bewegung läßt sich sogar noch präzisieren, und es kann gesagt werden, daß die Fische der ersten Gruppe vor allem auf wurmartige Bewegungen, Raubfische dahingegen auf ruckartige, unterbrochene und rasche Bewegungen reagieren.

BILDTAFELN

Der Sterlet

Störe

Acipenser ruthenus

Acipenseridae

Die Familie der Acipenseridae, die wir in die Überordnung der Knorpelfische (Chondrostei) einreihen, ist nicht allzu umfangreich; sie umfaßt 23 Arten, meistens Halbwander- und Wanderfische aus den milderen Gebieten der nördlichen Halbkugel. Sie haben einen spindelförmigen Körper mit fünf Reihen von Knochenschildern an der Oberfläche.

Der Sterlet hat einen langen Rüssel – Rostrum – mit vier fransenartigen Bartfäden. In der warmen Jahreszeit findet man ihn an seichten Stellen und in den Strömungen, im Winter zieht er sich in tiefe Gruben zurück. Im Gegensatz zu den anderen Stören verbringt er das ganze Leben im Süßwasser. Er bewohnt die ins Schwarze, Asowsche und Kaspische Meer mündenden Flüsse und ihre Nebenflüsse. Er erreicht keine große Länge, sein Gewicht beträgt 1 bis 2 kg, ausnahmsweise auch mehr, und er kann 10 bis 20 Jahre alts werden. Er laicht im ausgehenden Frühjahr in Flußabschnitten mit stärkerer Strömung, vor allem in der Nähe von sandigen Inseln.

Beim Angeln sucht man den Sterlet in tieferem strömendem Wasser. Der Fang ähnelt dem der Barbe, die man gleichfalls in den angeführten Flußabschnitten finden kann. Der Fang ist vor allem zeitig morgens oder gegen Abend erfolgreich und zieht sich gewöhnlich bis lang in die Nacht hinein. Es können die verschiedensten Fleischköder verwendet werden (Regenwürmer, Larven). Da der Sterlet ein trichterartig vorstülpbares Maul hat, nimmt er den Köder sehr zart. Um rechtzeitig und richtig anzuhauen, verlohnt es sich, die Rute in der Hand zu halten. Der gefangene Sterlet vermag sich gut zu wehren und springt manchmal auch über die Wasserfläche, doch in seinem starken fleischigen Maul hält der Haken gut. Das Fleisch des Sterlets ist wohlschmeckend.

Acipenser ruthenus

Der Stör Störe

Acipenser sturio *Acipenseridae*

Der Stör ist in Westeuropa heute der einzige Vertreter der Familie der Störe. Von anderen Störarten unterscheidet er sich durch die sehr rauhe Haut. Er hat ein typisches unterständiges Maul mit spaltförmiger Unterlippe. Die Rückenflosse ist ähnlich wie beim Sterlet bis zum Beginn der Afterflosse verschoben. Von der vorigen Art unterscheidet er sich durch die Zahl der Knochenplatten in den einzelnen Reihen am Rücken und an den Seiten.

Er ist gleichfalls ein Störfisch mit weiter Verbreitung. Früher war er auch im Einzugsgebiet der Ostsee, im Finnischen Meerbusen, sehr verbreitet. Heute begegnet man ihm im nördlichen Teil des Atlantischen Ozeans an den Ufern Europas und Amerikas und im Mittelländischen sowie auch im Schwarzen Meer. Er lebt vereinzelt, zum Laichen schwimmt er aber in Schwärmen in die Flüsse. Im Meer unternimmt er weite Wanderungen (Züge). Es heißt, er erlange eine Größe von 3 m und ein Gewicht von 300 kg, doch werden bereits 100 kg schwere Störe als ein außerordentlicher Fang angesehen. In der Regel erreicht der Stör ein Gewicht von 20 bis 40 kg. Er wird relativ sehr alt, bis zu 40 Jahre. Früher stieg er aus der Nordsee in zahlreiche europäische Flüsse auf (in die Elbe u. a.), heute wird sein Vorkommen durch die Verunreinigung der europäischen Gewässer und die zahlreichen hydrotechnischen Anlagen stark negativ beeinflußt.

Zur Zeit der Fortpflanzung legen die Weibchen, nach ihrer Größe, 200 000 bis 5,5 Millionen Eier ab. Die geschlüpfte Brut wird langsam mit der Strömung zum Meer geschwemmt. Versuche mit der Fortpflanzung des Störs in speziellen Brutanstalten und Aussetzung in Flüsse sind erfolgreich. Der Stör wird gewöhnlich mit Netzen gefangen, an die Angel geht er im Hinblick auf seine Seltenheit nur ausnahmsweise.

Acipenser sturio

Der Lachs
Lachse und Maränen

Salmo salar
Salmonidae

Der Lachs ist der typische Vertreter der Familie der Lachsfische (Salmonidae), die unter den Süßwasserfischen eine Vorrangstellung einnehmen. Alle Vertreter dieser Familie zeichnen sich durch den für gute Schwimmer charakteristischen spindelförmigen Körper aus. Mit seinem Aussehen, seiner Färbung und der Güte seines Fleisches gebührt ihm zu Recht der erste Platz unter den Fischen. Ein wichtiges Unterscheidungsmerkmal neben der Schuppenzahl in den Reihen und der Strahlenzahl in den Flossen ist das Pflugscharbein (Vomer) am Gaumen (Decke der Kieferhöhle). Der Lachs bewohnt den nördlichen Teil des Atlantischen Ozeans von der Petschora (UdSSR) bis zum portugiesischen Fluß Duero, die Ostufer Kanadas, Grönland und Island. Von der verwandten Meerforelle unterscheidet er sich durch die ausgeschnittene Schwanzflosse und dunkle Flecken am Kopf und an der oberen Rumpfhälfte. Die silbern glänzenden Schuppen fallen leicht ab. Das Männchen hat einen schlankeren Körper und einen hakenartig nach oben gekrümmten Unterkiefer (vor allem die älteren Fische).

Zum Laichen kommt der Lachs hoch in die Flüsse hinauf, allerdings nicht immer zur gleichen Jahreszeit. In den Flüssen Schottlands beginnt der Zug bereits im März, in Irland hauptsächlich im Juni usw. Manchmal ziehen im selben Fluß zwei Populationen, die Frühjahrs- und die Herbstpopulation. Der Hauptzug, für den die Sprünge über die Wasserfläche und über Wehre charakteristisch sind, beginnt im Frühjahr, wenn die Wassertemperatur über 6 °C steigt. Die im Herbst in die Flüsse ziehenden Fische laichen gewöhnlich im Unterlauf des Flusses (und in den Nebenflüssen), die Frühjahrspopulation zieht in die Quellgebiete hinauf. Der silberne Glanz des Lachskörpers wird dunkler,

Salmo salar — Männchen

Der Lachs

Fortsetzung

und das rote Fleisch wird nun blaßrosa und zugleich auch weniger schmackhaft. Das eigentliche Laichen setzt in den Wintermonaten auf kiesigem oder grobsandigem Grund ein. Der Rogner bereitet Stellen vor, schlägt sie aus, säubert sie und legt darin je nach seiner Größe 5000 bis 30 000 Eier ab. Lachse im Gewicht von 4,5 bis 9 kg laichen in 15 bis 60 cm tiefem Wasser, das mit einer Geschwindigkeit von 30 bis 45 cm/s strömt. Dabei fallen sie häufig Wilderern oder verschiedenen Raubtieren, wie zum Beispiel dem Fischotter, zum Opfer. Die ständige Strömung schafft ein günstiges Sauerstoffmilieu für die brütenden Eier. Viele Milchner sterben nach dem Laichen. Binnen 100 bis 150 Tagen schlüpft die Brut, die im Süßwasser 2 bis 3 Jahre zubringt (sog. Parrstadium) und erst als 10 bis 20 cm großer Fisch (sog. Smoltstadium) ins Meer zurückkehrt. Im Parrstadium ähnelt der Lachs in der Färbung einer kleineren Forelle, im Smoltstadium weist er bereits das charakteristische silberfarbige Aussehen der Körperseiten auf.

Im Meer findet der Lachs ausgezeichnete Ernährungsbedingungen und nährt sich hier ein bis drei Jahre lang intensiv. Die Männchen kehren früher ins Süßwasser zurück als die Weibchen. Jahreszunahmen von 2 bis 5 kg sind keine Seltenheit, und zwar eher bei den Rognern als bei den Milchnern. Während des Zuges im Fluß nehmen die Lachse keine Nahrung auf, auch wenn nach den Fängen mit der Angel auf das Gegenteil geschlossen werden könnte. Mit Rücksicht auf die zunehmende Menge verschiedener Hindernisse beim Zug zu den Laichplätzen werden die Lachse in speziellen Fangeinrichtungen abgefangen und einer künstlichen Laichung unterzogen. Ein bis zwei Jahre lang werden sie in Beton- oder Erdteichen gehältert und erst als Besatz wieder in freie Gewässer zurückversetzt.

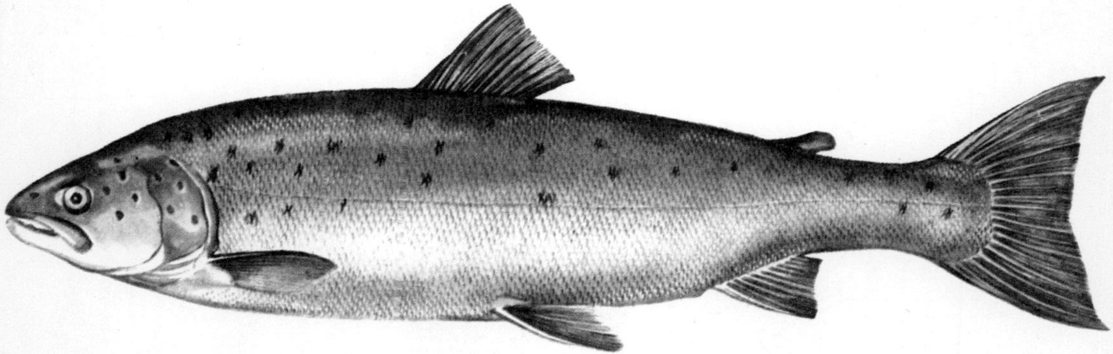

Salmo salar — Weibchen

Der Lachs

Fortsetzung

In den letzten Jahren leidet der Lachs unter einer bisher nur wenig geklärten Hautkrankheit (Nekrose), deren Anzeichen auch unter der Wasserfläche als weißlicher Bezug am Kopf und anderen Stellen sichtbar sind. Wo die Lachse regelmäßig ziehen, bilden sie stets eine Touristenattraktion, und mit Vorliebe werden ihre Sprünge über das Wasser beobachtet. Es wurde festgestellt, daß ein Teil der Lachse an den Küsten und in der Mündung ihrer Mutterflüsse bleibt; andere unternehmen weite Reisen (mehr als 1300 km). An einem Tag können sie im Meer 30 bis 100 km zurücklegen.

Der Lachs wird mit frischen Ködern (Regenwürmerbündel, Würmer, Fischteile) und mit künstlichen Ködern (Blinker, Fliegen, Wobbler) gefangen. Die Sportfischerei (meistens mit künstlichen Ködern) stellt in den Ländern, wo sie betrieben wird (Schweden, Norwegen, Irland, Schottland usw.), einen großen wirtschaftlichen Gewinn dar. Das Fangen eines Lachses mit der Angel bedeutet im Vergleich mit dem Fangen eines Lachses mit dem Netz im Meer einen bis zehnfachen Gewinn. Als traditionelle Methode wird der Fang mit den großen Lachsfliegen Durham Ranger, Jock Scott, Grey Turkey, Fiery Brown, Wilkinson u. a. angesehen. Auch künstliche „shrimps" und „grubs" können empfohlen werden: zum Beispiel Wooly Shrimp, Curry's Shrimp, Common Shrimp, Jungle Grub. Zum Spinnangeln an fester Rute mit Schnur (wenigstens 0,35 mm) bewähren sich verschiedene Systeme (zum Beispiel Sand Eel Tail-Spinner, Bündel künstlicher Regenwürmer u. ä.). Der Fang mit einem Blinker (verschiedene Devons, Heintz, phantastische Kombinationen von Fliegen mit Blinker, wie Flipper Bait, Plug Minnow) erfordert hochwertiges Gerät und einen guten Kescher oder Gaff.

Salmo salar — Detail des Kopfes

Die Meerforelle

Lachse und Maränen

Salmo trutta trutta

Salmonidae

Lachs und Meerforelle kommen an den gleichen Stellen vor. Man findet die Meerforelle an den Nordküsten Europas, in der Ostsee, an der Küste von England, Irland und Schottland (wo sie als Whitling, Herling bzw. Finock bekannt ist). Nach der Geburt hält sie sich 2 bis 3 Jahre lang im Süßwasser auf. Die meisten Meerforellen verlassen das Süßwasser zwischen dem zweiten und dritten Lebensjahr. Im Salzwasser bewohnen sie Gebiete, die von der Mündung der Mutterflüsse nicht allzu weit entfernt sind. Eine der typischen Lebensgewohnheiten der Meerforellen besteht darin, daß sie an den Ort ihrer Geburt zurückkehren, um dort die neue Generation zu begründen. Die erwachsenen Fische finden in ihre Heimat durch ihr Geschmacks- und Geruchsgedächtnis zurück, das das Wasser des mütterlichen Flußlaufes auszumachen vermag. Bei der ersten Rückkehr werden 2 bis 3 kg schwere Fische gefangen. Die ältesten können schon länger als ein Meter und 16 kg schwer sein. Lachs und Meerforelle kann man zum Beispiel zwischen Mai und Juli in Schottland und Irland gemeinsam an den Fischübergängen sehen. Man unterscheidet sie nach der Form der Schwanzflosse, die bei der Forelle gerade, beim Lachs geschweift ist. Auch die Kiemenknochen sind unterschiedlich gestaltet; ferner unterscheiden sie sich durch die Zahl der Kiemenstäbchen (Kiemenreusen) – die Forelle hat weniger. Beim Lachs fehlen die dunklen Flecken unter der Seitenlinie.

Die Forellen ziehen häufig in Gruppen, manchmal warten sie in der Flußmündung wärmeres Wetter ab; mit Vorliebe ziehen sie nachts. Es wurde beobachtet, daß Mondschein ihre nächtliche Aktivität, zum Beispiel beim Zug gegen die Strömung des Flusses, ungünstig beeinflußt. Sofern sie auf ihrem Zug in Flußseen aufsteigen, halten sie sich gern auf Sand-

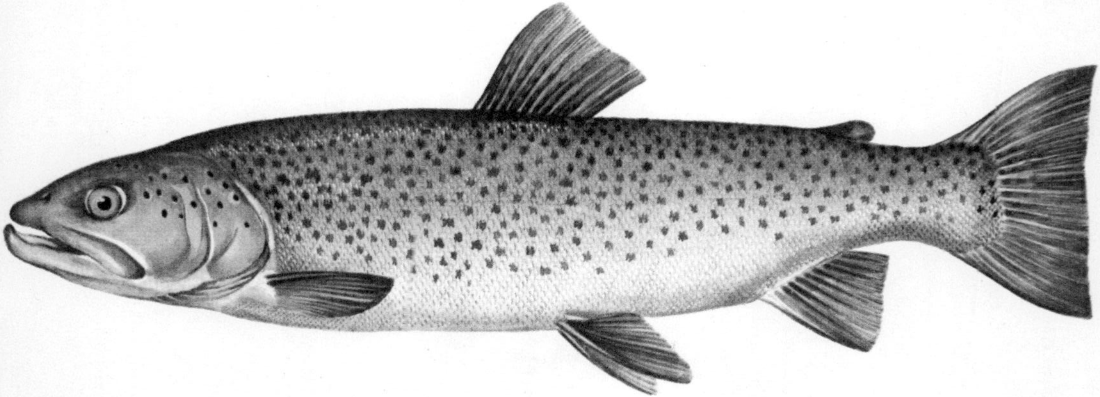

Salmo trutta trutta — Männchen

Die Meerforelle

Fortsetzung

und Schotterbänken auf und suchen natürliche Verstecke. In Schottland und Irland wurde beobachtet, daß nach Ablauf von jeweils vier Jahren stets größere Forellen auftauchten. Das gleiche stellten auch Fischer in Finnland und Norwegen fest. Die Größenunterschiede zwischen den Fischen, die das Meer verlassen und in die Flüsse hinaufsteigen, sind ebenso wie beim Lachs durch die ungleiche Länge des Aufenthaltes im Meer verursacht. Manche Fische kehren nach 12 Monaten zurück, andere nach Ablauf von 2 bis 3 Jahren. Im Hinblick auf das rasche Wachstum im Meer sind die Größenunterschiede beträchtlich. Verglichen mit dem Lachs, wächst jedoch die Forelle auch im Salzwasser etwas langsamer. Das wiederholte Eintreffen von Fischen kleiner Längen hat die davon „betroffenen" lokalen Fachkreise zu Versuchen angeregt, Jungfische größerer Abmessungen aus anderen Gebieten einzuführen.

Die Laichzeit dauert bei den Forellen gewöhnlich vom Oktober bis zum November. Die Weibchen suchen Kies- bzw. Sandboden aus, den sie mit heftigen Bewegungen der Schwanzflosse säubern. Nach Ausstoßen von 5000 bis 8000 Eiern und deren Befruchtung durch das Männchen bemüht sich das Weibchen, die Eier mit dem aufgewirbelten Sand und kleinem Schotter zu bedecken. Die Brut bzw. die Jungfische sind leicht mit der Brut der Bachforelle zu verwechseln. Zwischen den beiden verwandten Arten kommt auch leicht eine Kreuzung vor, denn die gegenwärtig lebenden Populationen der Bachforelle wurden durch die beschriebene Meerforelle begründet. In der im Salzwasser verlebten Zeit nährt sich die Meerforelle von verschiedenen kleinen Fischarten oder ihren Jungfischen, zum Beispiel Heringen, Sprotten, oder verschiedenen Krustentieren. Es sind auch

Salmo trutta trutta — Weibchen

Die Meerforelle

Fortsetzung

Fälle bekannt, daß ein Teil der Population für immer im Süßwasser blieb.

Die Meerforelle ist, an Orten ihres regelmäßigen oder häufigen Vorkommens, ein traditioneller Angelfisch. Mit Vorliebe wird sie vor allem auf künstliche Fliegen gefangen, auch wenn an verschiedenen Orten außerdem die unterschiedlichsten anderen natürlichen oder künstlichen Köder verwendet werden. Bis zu einem gewissen Grad läßt sich von einer Übereinstimmung des Fanges mit dem der Bachforelle sprechen, zum Beispiel in der Wahl der Fliegen, doch die Meerforelle zieht eigentlich bunter gefärbte, evtl. auch mit einem Silberfaden durchwirkte Fliegen vor. Am besten eignen sich die traditionellen Fliegen, und der Angler kommt in der Regel mit einigen wenigen Grundsorten aus. Im Fall der Meerforelle verlohnt es sich, eher die Fliegengröße als die Sorten zu wechseln. Der Fisch liegt den ganzen Tag über teilnahmslos am Grund und erlangt erst mit Eintritt der Dunkelheit größere Aktivität in der Nahrungssuche. An fließenden Gewässern wird man abends und in den Nachtstunden lieber eine Fliege wählen, an der freien Wasserfläche eines Flußsees kann man sein Glück auch mit drei Fliegen versuchen. Der Köder muß das Augenmerk der Forelle auf sich lenken, muß sie herbeilocken und reizen. Mit gutem Erfolg werden auch verschiedene Phantome, „Demons" und „Terrors", benutzt, zum Beispiel Teal and Solver, Alexandra and Jungle, Mallard and Blue. Der nächtliche Fang der Meerforelle kann manchmal ganz ungewöhnlich erfolgreich verlaufen; man muß aber mehr Fliegen bei sich haben als bei Tag, und tagsüber ist es im Hinblick auf die höheren Verluste angezeigt, den befischten Abschnitt aufmerksam entlang zu gehen. Das Fleisch der Meerforelle schmeckt hervorragend.

Salmo trutta trutta — Detail des Kopfes

Die Bachforelle

Lachse und Maränen

Salmo trutta morpha fario

Salmonidae

Die Bachforelle ist nicht allein durch ihr wundervolles Aussehen, ihre Körperform und Färbung allgemein bekannt, sondern gehört auch zu den begehrtesten Fängen der Angler. Man findet sie in den verschiedensten Erdteilen, wo sie meistens von Anglerenthusiasten künstlich ausgesetzt wurde: in weiten Gebieten Europas, in den Mittelmeerländern, in Nord-, Mittel- und Südafrika und Kleinasien, in den USA, auf Neuseeland, in Südamerika und Japan. Auf Neuseeland zum Beispiel haben sich die aus Schottland importierten Forellen zu einer Wanderform entwickelt, die ins Salzwasser fortzieht und nur zum Laichen in die Bäche und kleinen Flüsse kommt. Die Forelle bewohnt meistens rasch fließende Wasserläufe in Gebirgs- und Vorgebirgsgegenden, manchmal auch in den Ebenen. Sie vermag sich mit ihrer Färbung den veränderlichen Bedingungen des Milieus anzupassen. Auch Forellen, die im gleichen Bach und im gleichen Abschnitt gefangen wurden, unterschieden sich in der Färbung voneinander. Sie sind überaus empfindlich, was den Gehalt des Wassers an gelöstem Sauerstoff, die Temperatur, verschiedene Konzentrationen giftiger Verbindungen usw. anbelangt. Wo Forellen vorkommen, findet man gewöhnlich eine Quelle reinen Wassers.

Die nahe Verwandte und Urahne der Bachforelle ist die Meerforelle. Von ihr hat die Bachforelle den torpedoförmigen langgestreckten Körper geerbt, der den Aufenthalt auch in starker Strömung ermöglicht. Der Kopf mit den starken, weit bis hinter das Auge reichenden bezahnten Kiefern läßt erkennen, daß sich der Fisch auch durch Raubzüge zu ernähren vermag. Ein typisches Merkmal der Männchen besteht (wie bei den anderen Lachsfischen) in dem stark nach oben gekrümmten Unterkiefer. Die Ausbuchtung der Schwanzflosse bei den jüngsten Fischen verliert sich bei den

Salmo trutta m. fario — Männchen

älteren. Ähnlich wie andere Lachsfische hat die Bachforelle zwischen der Rücken- und der Schwanzflosse eine kleine Hautfalte, die als Fettflosse bezeichnet wird.

Der oberste Abschnitt der Flüsse wird in der Regel als Forellenregion bezeichnet, weil dieser Fisch hier am häufigsten vorkommt. In den reißenden kalten Gebirgsbächen, die über harten steinigen Boden ins Vorgebirge eilen, und in kleinen Waldbächen findet man auch dunkler gefärbte Fische kleinerer Maße. Schon eine 20 cm lange Forelle wird hier als stattliches und außergewöhnliches Exemplar angesehen. Die Forelle steigt auch in Flußläufe, die sich in beträchtlicher Seehöhe befinden (um 2000 m), wo sie völlig vereinzelt lebt, weil sich hier eine andere Art nur schwerlich halten würde. In den Vorgebirgsabschnitten, wo der Fluß dann Mäander mit unterwaschenen Ufern und zahlreichen tiefen Stellen bildet, kann man auch alte Fische größerer Maße, im Gewicht von 1 bis 3 kg, finden. Manchmal werden noch viel schwerere Forellen gefangen. Gewicht und Größe der Forellen hängen – ebenso wie bei anderen Fischarten – von den Ernährungsbedingungen ab, so daß wir normalerweise auf Fische gleichen Alters stoßen, die aber nicht gleich groß sind. Die Forellen erreichen ein relativ hohes Alter. Der Fund eines 49 Jahre alten Fisches wurde beschrieben, der im abgeschlossenen Milieu eines nährstoffarmen Quellbrunnens lebte und nur 0,85 kg wog. Wenn die Forelle in ein nährstoffreiches Milieu gelangt, zum Beispiel in einen Teich, wächst sie viel rascher und erreicht auch ein größeres Gewicht und größere Maße.

Die Bachforelle braucht genügend Schlupfwinkel. Deshalb liebt sie Wasserläufe mit großen Steinen, ausgewaschenen Ufern, tiefen Stellen und Wehren. Wenn sie aufgescheucht wird, flieht sie in ein Versteck, das sie erst nach einiger Zeit

Salmo trutta m. fario — Weibchen

Die Bachforelle

Fortsetzung

wieder verläßt. Häufig steht sie mit dem Kopf gegen die Strömung, einerseits um ihr besser Widerstand leisten zu können, anderseits um zu sehen, was ihr das Wasser an Nahrung bringt. In regulierten Gewässern geht es ihr nicht so gut. Sie vermißt hier die Versteckmöglichkeiten und auch die an den großen Steinen lebende geeignete Nahrung.

Die Bachforelle kann man noch nach Jahren an der gleichen Stelle finden; nur zum Laichen begibt sie sich in kleinere Nebenflüsse oder stromaufwärts in das Quellgebiet. Die Laichzeit dauert von Anfang Oktober bis zum Dezember. In dieser Zeit suchen die Forellen die Mündungen der Nebenflüsse auf, um geeignete Laichplätze auszumachen. Nach dem Laichen kehren sie an ihre Standplätze zurück. Die größten Bachforellen erinnern in der Färbung häufig eher an Meerforellen, besonders in der Laichzeit, wenn die silbrige Färbung überwiegt. Je wärmer und länger der Sommer ist, um so später erfolgt das Laichen. Beim Hochzeitszeremoniell stößt der Rogner 1000 bis 1500 große gelbe Eier aus. Nach vielen Tagen schlüpfen die Jungfische aus den Eiern. In der Natur haben die Eier und die ausgeschlüpfte Brut zahlreiche Feinde und Schädlinge, und nur wenige überleben; die Verluste betragen bis 99 %. Aus diesem Grund verlassen sich die Fischer heute nicht mehr auf den natürlichen Laichvorgang und setzen in Bächen und Flüssen kleine Forellen aus, die in Forellenbrutanstalten aufgezogen wurden. Erst nach Ablauf von drei Jahren erreichen die kleinen Fische in einem günstigen Milieu eine Länge von 20 cm, in vereinzelten Fällen auch mehr. Die Brut ist anfänglich nicht anspruchsvoll in bezug auf Raum, sie begnügt sich mit ganz kleinen Bächen. Im Verlauf des Wachstums steigen die Ansprüche vor allem hinsichtlich der Nahrungsquellen. Zu den Feinden gehört auch die große

Salmo trutta m. fario — einjähriges Exemplar mit blauen Flecken

Forelle, die die Jungfische jagt, denn bei den Forellen ist der Kannibalismus eine übliche Erscheinung. Die Forellen begnügen sich anfänglich mit verschiedenen kleinen Larven, mit Flohkrebsen und Anfluginsekten; erst später werden sie zu echten Raubfischen. Von ihren Mitbewohnern des feuchten Elements schmecken ihnen Neunauge, Groppe, Elritze, Schmerle, Gründling. Wenn eine Forelle in kühlere Seen, Teiche, Staubecken oder überschwemmte Steinbrüche vordringt, vermag sie sich leicht den neuen Bedingungen anzupassen. Sie erreicht hier auch ungewohnte Maße, und Jahreszuwüchse von 1 bis 2 kg kommen bei den größeren Fischen nicht selten vor, besonders wo es eine ausreichende Zahl von Elritzen gibt.

Die Bachforelle hält sich in tieferen Gewässern gewöhnlich tagsüber in größerer Tiefe auf und ist mit den üblichen Angelmethoden dort schwer erreichbar; am besten wird der Köder hier an der Spinnangel hinter einem Boot durch das tiefe Wasser gezogen. Die eigentliche Angelsaison beginnt alljährlich im Frühjahr, wobei als Hauptverfahren die Fliegenfischerei und das Spinnangeln in Frage kommen. Von den erfolgreichsten Anglern werden diese beiden Methoden nach den jeweiligen lokalen Bedingungen häufig kombiniert. Dort, wo der Angler in Hosenstiefeln watet, wird noch ein weiterer Bestandteil der Ausrüstung benötigt – ein Kescher, mit dem auch die größte Forelle überwältigt werden kann. Gewöhnlich wird der Fang in das luftige Flechtkörbchen gelegt, das der Angler am Gürtel trägt. Zum Spinnangeln eignen sich eine leichtere Rute, eine kleinere Wurfrolle mit Schnur von 0,20 mm Stärke und verschiedene kleine Blinker, gewöhnlich Spinner, wie zum Beispiel Devon, Mepps und andere. Erfolg können außerdem verschiedene Nachahmungen kleiner Fische (Elritzen)

Salmo trutta m. fario — Männchen, Detail des Kopfes

Die Bachforelle

Fortsetzung

und natürlich auch kleine Wobbler bringen.

Die andere, heute mit nahezu wissenschaftlicher Genauigkeit durchgearbeitete Methode – die Fliegenangelei – eingehend und ausführlich zu beschreiben würde ein selbständiges Buch erfordern. Für den Anfänger oder auch für Angler an den Unterläufen der Flüsse genügt es, darauf hinzuweisen, daß sich sowohl mit der Naß- als auch mit der Trockenfliege angeln läßt, die frei schwimmend oder gezogen angeboten wird. Mit der Naßfliege wird meistens in Stromrichtung geangelt, und zwar mit 1 bis 3 Stück am Vorfach, während man in der Regel nur eine Trockenfliege am Vorfach befestigt. Wenn man sich um ein sanftes Anziehen der Schnur bemühen will, das den Fisch reizen soll, wirft man die Schnur gewöhnlich mit der Strömung und zieht dann den Köder durch Bewegungen der Rute zu sich. Eine Trokkenfliege wird während des Angelns getrocknet und manchmal, wenn nötig, auch gefettet. Sie wird gegen die Strömung geworfen, damit sie zum Angler zurückschwimmt.

Um die richtige Fliege zu wählen, empfiehlt es sich, vom Ufer Ausschau zu halten, was alles über unserem Kopf und über der Wasserfläche umherfliegt, und evtl. auch zu sammeln, was auf dem Wasser schwimmt. Für ein günstiges Jagdresultat ist es geraten, sich auch mit den Stellen vertraut zu machen, wo sich die größeren Forellen aufhalten. Es gilt der Grundsatz, daß dem Angler bekannt sein sollte, daß die Forelle ein scheuer Fisch ist, der in reinem Wasser lebt, aus dem sie eine gute Sicht hat, und daß er sich dementsprechend verhalten sollte. Wer je Forellen geangelt und gefangen hat, wird sich schwer an das Angeln anderer Fische gewöhnen, denn die Angelei mit Fliege oder Blinker an einem rasch fließenden, kristallklaren Wasser ist zweifellos die höchste Form des Angelsports.

Salmo trutta m. fario — sich dem Leben im stehenden Wasser anpassend (Stausee)

Die Seeforelle

Salmo trutta morpha lacustris

In manchen schottischen, alpinen und skandinavischen Seen mit kühlerem Wasser und genügendem Sauerstoffgehalt ist die Seeforelle heimisch geworden. Viele Angler betrachten sie als eine selbständige Art, auch wenn es sich nur um eine Abart handelt, die sich von der Meer- oder Bachforelle in Körperform und Färbung unterscheidet. Der Körper älterer Fische ist gewöhnlich stärker, die Seiten sind silbern gefärbt, und bis unter die Seitenlinie, am Kopf und an der Rücken- bzw. auch Fettflosse sind dunkle Flecken zu finden. Die Seeforelle bewohnt auch sehr tiefe Seen (wie den finnischen Päijännesee, der 104 m tief ist).

Sie vermehrt sich im Herbst oder zu Winterbeginn in den Zuflüßen der Seen auf grobsandigem Boden. Die Nachkommenschaft kehrt erst nach Ablauf mehrerer Jahre in den See zurück. In der warmen Jahreszeit nährt sich die Seeforelle von Insektenlarven und von Insekten, die ins Wasser fallen, im Winter meistens von Fischen, und zwar im Norden von Stichlingen, andernorts auch von kleinen Barschen. Die Weibchen erlangen ihre Geschlechtsreife nach dem vierten Lebensjahr, sie wachsen rascher als die Milchner.

Die Bachforelle, die mitunter in einen See oder ein Staubecken eindringt, zeigt Neigung, sich in Körperform und Färbung in eine Seeforelle zu verwandeln. Nach Ablassen des Staubeckens Lokvarka in Jugoslawien wurden bis 24 kg schwere Bachforellen gefangen, die als kleine Fische aus den Zuflüssen in das Becken gekommen waren und sich im Alter in der Körperform nicht mehr von den später ausgesetzten Seeforellen unterschieden.

Die Forelle wird an der Oberfläche mit Fliegen gefangen, mittels Spinnangeln mit verschiedenen Phantomen, Blinkern und Wobblern. Mit einem hinter dem Boot durch die Tiefe gezogenen Köder gehen größte Exemplare an die Angel.

Salmo trutta m. lacustris — Seeform

Die Regenbogenforelle — Lachse und Maränen

Salmo gairdneri irideus — *Salmonidae*

Für die Gewässer des ausgedehnten Gebietes von Südkalifornien bis zum südöstlichen Teil Alaskas ist die Regenbogenforelle charakteristisch, ähnlich wie die Forelle allgemein für die europäischen Gewässer. In ihrer Heimat hat sie eine ganze Reihe verschiedener Formen gebildet. Auch wenn man die Regenbogenforelle auf dem amerikanischen Kontinent heute an vielen anderen Stellen findet, zum Beispiel in ganz Kanada, in den Kanadischen Seen, in den Staaten New York und New England sowie an der Küste des Atlantiks und des Stillen Ozeans, bildet Salmo gairdneri aus dem ursprünglichen Bereich ihres Vorkommens die Grundlage für alle Regenbogenforellen. Sie hat Populationen hervorgebracht, die sich für ihr ganzes Leben im Süßwasser ansiedelten. Doch ist durchaus nicht ausgeschlossen, daß auch diese im Lauf ihres Wachstums für bestimmte Zeit ins Salzwasser ziehen, um später zum Laichen wieder ins Süßwasser zurückzukehren.

Diese Fischart weist eine geradezu verschwenderische Skala von Farbtönen auf, von Silber über Schwarz, Violett, Purpurrot bis zu Grünblau. In älterer Literatur wurde dieser Fisch oft ungenau beschrieben. Heute kann man bei den größeren Forellen häufig als grundlegendes Farbmerkmal einen purpurroten Streifen finden, der sich vom Kopf an den Seiten entlang bis zum Schwanz zieht, und eine Vielzahl kleinerer schwarzer Flecken, die über Kopf und Rücken, an der After-, Schwanz- und Rückenflosse verteilt sind. Der Körper ist mit silbrigen, leicht ausfallenden Schuppen bedeckt, der typische Kopf ist klein. Ihrer ausgezeichneten Wachstumsfähigkeit wegen wurde die Regenbogenforelle nach dem Jahr 1881 aus Kalifornien nach Deutschland und anderen Ländern gebracht, doch nur in wenigen Fällen hat sie sich in den Flüssen und Seen eingewöhnt. Nach Angaben aus den Be-

Salmo gairdneri irideus — Weibchen aus einer Teichzucht

Die Regenbogenforelle

Fortsetzung

reichen der Alpenseen und -flüsse sind Salmo trutta morpha fario und Salmo gairdneri irideus starke Nahrungskonkurrenten.

Im Hinblick auf ihre Widerstandsfähigkeit gegenüber höheren Temperaturen, ihre geringeren Ansprüche in bezug auf Sauerstoff und die Fähigkeit, Gelegenheits- und Notnahrung aufzunehmen, ist die Regenbogenforelle überall in der Welt zu einer außerordentlich wertvollen Fischart für künstliche Züchtung geworden.

Man findet die Regenbogenforelle heute in allen Erdteilen in spezialisierten Farmen. Sie pflanzt sich in den Frühjahrsmonaten fort, und je wärmer das Wasser ist, um so kürzer ist die Brutzeit. Aus den großen Rogenkörnern entschlüpfen nach ein bis zwei Monaten die Jungfische mit großem Dottersack. Ein Weibchen hat je nach der Größe gewöhnlich mehrere hundert bis tausend Eier. Die Brut nährt sich anfangs von Plankton und kleinen Larven, später von größeren Krustentieren und kleinen Fischen. Bei künstlicher Züchtung nimmt sie gern auch Blut oder gemahlene Milz oder auch granulierte Mischungen. Im ersten Jahr erreicht sie nach den jeweiligen Lebensbedingungen und der Nahrungsmenge eine Länge von 10 bis 15 cm und im dritten Lebensjahr von 20 bis 40 cm. Unter günstigen Umständen beträgt das Gewicht dann 2 bis 4 kg, in vereinzelten Fällen auch mehr, vor allem in ihrem Heimatgewässer. Gut gedeiht sie auch in den verschiedensten stehenden Gewässern, die keinen Zu- und Abfluß haben und wo sie auch rasch wächst, sofern ihr die Lebensbedingungen zusagen. Geeignete Lebensbedingungen hat sie auch unterhalb von Stauseen gefunden. Wenn an kleineren Organismen Mangel herrscht, geht die Regenbogenforelle manchmal zur Lebensweise des Raubfisches über. Ihre Fähigkeit, in stehenden Gewässern zu leben,

Salmo gairdneri irideus — Männchen in der Laichzeit

Die Regenbogenforelle

Fortsetzung

hat die Züchter in Mitteleuropa veranlaßt, sie in Karpfenteichen auszusetzen. Geradezu überraschende Resultate wurden in manchen überschwemmten Steinbrüchen, Sand- oder eingestürzten Kohlengruben erzielt, wo die Forellen keine Möglichkeit zu entkommen hatten.

Das Sportangeln der Regenbogenforelle ist sehr beliebt, denn sie ist ständig bei Appetit und sehr freßlustig. Das ganze Jahr lang nimmt sie gern künstliche oder auch natürliche Köder. Wo im Winter geangelt werden kann, besteht die Möglichkeit, die Regenbogenforelle durch Löcher im Eis auf hinabgelassene und wieder hochgezogene kleine Blinker, Phantome oder künstliche Köderfischchen zu fangen. Die angehauene Forelle setzt sich tapfer zur Wehr und ist auch imstande, bei ihren Sprüngen über die Wasserfläche sich vom Haken, der Fliege oder dem Blinker zu lösen und zu entkommen. Zu den erfolgreichen Fangmethoden ist das Spinnangeln zu rechnen, das es ermöglicht, lange Flußabschnitte oder verschiedene tiefe Stellen in Stauseen – am besten von einem Boot aus – zu beangeln. Die Flugangelei erfolgt in analoger Weise wie im Fall der Bachforelle. Man kann künstliche Köder verschiedenster Form, Größe und farbiger Kombination sowie aus den unterschiedlichsten Werkstoffen wählen. Gewöhnlich wird man kleinere Köder vorziehen, Blinker, die nicht größer als 5 cm sind. Schnur genügt in 0,25 mm Stärke. Nach der Größe des Gewässers wird auch die Länge der (am besten leichteren) Rute mit härterer Spitze gewählt. An fließenden Gewässern scheut man sich nicht zu waten. Am erfolgreichsten ist die Angelei gewöhnlich gegen Abend an der Oberfläche an Stellen mit langsamer tieferer Strömung, an der Mündung von Zuflüssen, in Seen und tagsüber in größeren Tiefen. Das Fleisch schmeckt nicht so gut wie das der Bachforelle.

Salmo gairdneri irideus — altes Männchen mit kurzem festem Körper

Der Wandersaibling — Lachse und Maränen

Salvelinus alpinus — *Salmonidae*

Die lateinische Bezeichnung bringt diesen Fisch in Beziehung zu den Alpen, doch in Wirklichkeit hat er mit diesen nichts gemein. Es handelt sich um eine typische Fischart der nördlichen Halbkugel, die man nur an der Küste Nordamerikas, Grönlands, Islands, von Spitzbergen, bei Nowaja Semlja, bei der Bäreninsel, an der Küste von Schweden, Nordnorwegen und Sibirien findet.

Die Kiefer reichen tief bis hinter die Augen, und der schön gefärbte Körper ist mit kleinen Schuppen bedeckt. Im Lebensabschnitt, den der Wandersaibling im Meer zubringt, ist sein Rücken metallisch blau, Seiten und Bauch sind silbrig. An den Seiten hat er cremfarbene Flecken. Im Süßwasser ist er allgemein heller gefärbt. Die Männchen sind bunter, besonders zur Laichzeit. Die Bauchflossen sind orangefarben, die paarigen Flossen und die einzelne Afterflosse sind von orangeroter Farbe und weiß gesäumt. Nach mehrjährigem Leben im Süßwasser kehren die Fische in den Frühjahrsmonaten ins Meer zurück, entfernen sich aber nicht weit von den Mündungen ihrer Muttergewässer. Markierte Einzelfische wurden nur 20 bis 40 km weit von der Flußmündung im Meer gefangen.

Die Rückkehr ins Süßwasser zur Laichzeit beginnt im Juli und erreicht ihren Höhepunkt im August, migrierende Einzelfische laichen später. Nach der jeweiligen Größe stößt der Rogner auch mehrere tausend Eier aus. Die Schnelligkeit des Wachstums hängt von der primären und sekundären Produktion des Gewässers ab. Als Nahrung dienen dem Wandersaibling Larven, Insekten, Würmer und Fische (Stichling). In der Hudsonbai findet man wandernde Saiblinge, die im Lauf von zehn Jahren eine Länge von 50 cm erreichen, und nichtwandernde Fische, die viel langsamer wachsen. Es wurden bis 25 Jahre alte Fische gefangen.

Salvelinus alpinus — Männchen

Der Seesaibling

Salvelinus salvelinus

Lachse und Maränen

Salmonidae

Der Seesaibling bevorzugt die kühleren und höheren Gebirgslagen der Alpen, im nördlichen Norwegen, Irland, Schottland und auf Island. Er bewohnt die Seen in einer Höhe um 2000 m und mehr. Häufig findet man in Seen, die gar nicht sehr weit voneinander entfernt sind, abweichende Formen oder Abarten dieses Fisches.

In der Körperform erinnert der Seesaibling an die Bachforelle, weist jedoch eine andere Färbung auf. Sein Rücken ist blaugrün, die Bauchseite ist gelb oder spielt ins Orangerosa; an den Seiten und am Rücken hat er kleine hellgelbe Flecken. Das Pflugscharbein ist kurz, die Schuppen sind klein. Die Flossen sind – außer der Rückenflosse – an der Unterseite auffallend weiß gesäumt, und zwar wird dies am stärksten an den Männchen zur Laichzeit deutlich, wenn deren Bauch sich stark rötet. In den Alpenseen kennen die Angler mehrere Formen, die sich unter anderem im Zeitpunkt des Laichens unterscheiden; die eine Form laicht im Winter in Ufernähe, die andere in den Sommermonaten in den Tiefen des Gewässers. Am größten wird die sich als Raubfisch ernährende Form – sie erreicht ein Gewicht von 5 kg. Die kleineren Fische halten sich in größeren Tiefen auf, leben von Planktonorganismen und erreichen eine Länge von kaum 20 cm.

Für den Angler gilt, daß der Seesaibling in ähnlicher Weise gefangen wird wie andere Lachsfische. Zum Angeln auf Seen ist ein Boot notwendig. Es kommt ganz darauf an, ob man sich für die künstliche Fliege oder das Spinnangeln mit künstlichem oder natürlichem Köder entscheidet. An die Wasseroberfläche steigen die Fische gegen Abend oder auch erst bei Dunkelheit, wenn der Fang, zum Beispiel mit der Fliege, den besten Erfolg verspricht. Das Fleisch ist wohlschmeckend, vor allem das der kleinen Fische.

Salvelinus salvelinus — Männchen

Der Bachsaibling

Salvelinus fontinalis

Lachse und Maränen

Salmonidae

Der Bachsaibling zählt mit Recht zu den schönsten Lachsfischen. Ursprünglich lebte er in den östlichen Teilen Nordamerikas, in Manitoba, Ontario, Quebec, Neufundland, auf den Prince-Edward-Inseln, in Neubraunschweig, Neuschottland und an der Küste von Labrador. Nach Europa wurden die Saiblinge um das Jahr 1884 aus Amerika gebracht, und zwar zuerst nach Deutschland und von dort später in andere Länder. Nach neuesten Angaben hat es den Anschein, daß der Bachsaibling in seiner Heimat die Flüsse verläßt und infolge von Veränderungen in deren Beschaffenheit (Erhöhung der Temperatur, Konkurrenzbeziehungen u. ä.) ins Meer wandert. Diese Züge und größere Wanderungen gehen gewöhnlich in den Nachtstunden vor sich.

Zum Meer schwimmt der Bachsaibling im Frühjahr und zu Sommerbeginn, stromaufwärts – zu den Laichplätzen – zieht er in der zweiten Jahreshälfte. Er vermehrt sich an den gleichen Stellen und zur gleichen Jahreszeit (Oktober, November) wie die Forelle (Salmo trutta), mit der er sich auch leicht kreuzt. Die Nachkommen beider sind wundervoll gefärbt, tigerartig gestreift, aber steril. Das Weibchen stößt je Kilo seines Körpergewichtes etwa 2000 Eier aus. Die Brut schlüpft – je nach der Wassertemperatur – im Lauf mehrerer Monate. Die größten Ausmaße erreichen jene Saiblinge, die einen Teil ihres Lebens im Meer zubrachten, wo sie vorzugsweise Larven und die Brut verschiedener Fischarten, sowie wirbelloser Tiere fressen. Die Süßwassersaiblinge leben von den Larven der Zuckmücken, der Eintagsfliegen, der Uferfliegen, von verschiedenen Würmern, Krustentieren, aufs Wasser gefallenen Insekten, Jungfischen.

Die im Salzwasser lebenden Fische sind am Rücken stahlblau und grün, an den Seiten silbrig und am Bauch ganz

Salvelinus fontinalis — Männchen

Der Bachsaibling

Fortsetzung

weiß. Die rosa Brust- und Bauchflossen sowie die Afterflosse sind blendend weiß gesäumt, die Schwanz- und Rückenflosse ist graugrün. Auf dem Weg vom Meer ins Süßwasser verliert sich aus der Grundfärbung das silberglänzende Guanin (Fischsilber), und an der oberen Körperhälfte erscheinen unregelmäßige Streifen, die sich auch auf die Rückenflosse erstrecken und an den Seiten sich in orangefarbene Flecken verwandeln, die an der Seitenlinie in rote Punkte übergehen. Bei der Rückkehr aus dem Meer kann man an den Saiblingen große parasitische Krustentiere finden, die von den Fischen bis zu deren völliger Entkräftung und Eingehen zehren.

Fische, die eine bestimmte Zeit ihres Lebens im Meer zugebracht haben, erreichen infolge der besseren Nahrungsquellen größere Ausmaße (Exemplare von 3 bis 4 kg sind keine Seltenheit), während die im Fluß lebenden Fische kaum 1 kg schwer werden. Das größte beschriebene Exemplar, das im Nipigon in Ontario gefangen wurde, wog 7 kg. In einem nährstoffärmeren Milieu erreichen die Fische kaum 0,2 kg Gewicht. Mitunter werden sie auch in kältere Teiche ausgesetzt, wo sie relativ gut gedeihen. In den europäischen Gewässern erreichen sie ein Gewicht von 0,5 bis 1 kg, schwerere Exemplare kommen selten vor.

Der Bachsaibling sucht kühleres Wasser braucht aber nicht so viele Verstecke wie die Bachforelle und vermag sich auch in stark regulierten Wasserläufen zu halten. Verglichen mit einer anderen in Europa akklimatisierten Art, der Regenbogenforelle, ist der Bachsaibling viel beständiger und ortstreuer. In seiner Heimat und überall, wo er sonst vorkommt, wird er als sehr wertvoller Angelfisch angesehen. Das Fleisch des Bachsaiblings ist ganz besonders wohlschmeckend.

Salvelinus fontinalis — aus einem nahrungsarmen Milieu (Torfgewässer)

Der Huchen

Hucho hucho

Lachse und Maränen

Salmonidae

Der Huchen zählt zu den schönsten und größten Lachsfischen der Binnengewässer. Der Kopf mit den stark bezahnten Kiefern läßt erkennen, daß es sich um einen Raubfisch handelt. Jüngere Huchen sind heller, die älteren dunkler gefärbt, wobei die grünbraune Färbung überwiegt. In der Laichzeit haben die Männchen an den Seiten einen rosa Schimmer und werden am Bauch schwarz. Noch heute kann man Huchen zum Beispiel in der Tschechoslowakei, in Österreich und Rumänien fangen. Aber infolge der Modernisierung der Angelmethoden und der zunehmenden Verunreinigung der Gewässer nimmt ihre Zahl ständig ab. Mancherorts werden Versuche mit künstlicher Zucht unternommen; auch ihre Ansiedlung in anderen Teilen der Welt wird versucht (zum Beispiel werden Huchen aus der Tschechoslowakei in Algerien und in Marokko ausgesetzt). Sie halten sich in den tieferen Strömungen auf, wo sie reichlich Nahrung finden, wie Hasel, Döbel und Nasen. Sie wachsen rasch und erreichen ein Gewicht von 20 und mehr kg. Nach einem Bericht wurden auch 50 kg schwere Fische gefangen. Die Huchen laichen im April oder Mai.

Man fängt Huchen hauptsächlich im Herbst und im Winter (bis zum 31. Dezember), ihr Fang ist sehr anspruchsvoll. Die Huchen haben typische Standorte, auf die Nahrungssuche ziehen sie früh am Morgen oder gegen Abend. Gut werden sie mit der Spinnangel gefangen auf einen toten Köderfisch oder einen Blinker, aber auch auf Wobbler, auf Nachahmungen von Amphibien (Frosch) oder auch eines landbewohnenden Wirbeltieres (Maus). Der Blinker wird stets groß gewählt, die Schnur von 0,35 mm Stärke und die Rute so, daß sie den heftigen Anschlag und die Überwältigung des schweren Fisches in der Flußströmung aushält. Das Fleisch des Huchens ist hervorragend, auch geräuchert.

Hucho hucho — Männchen

Die Kleine Maräne

Lachse und Maränen

Coregonus albula

Salmonidae

Die Kleine Maräne gehört in die Familie der Lachse und Maränen, wird aber manchmal in eine selbständige Familie der Maränen (Coregonidae) eingeordnet: bis zum heutigen Tage herrschen viele systematische Unklarheiten. Die Maränen sind Fische mit charakteristischen silbrigen, häufig auch leicht ausfallenden Schuppen; in Form und Färbung ähneln sie eher den Heringen. Sie haben eine Fettflosse, wie dies für Lachsfische charakteristisch ist. Typisch ist der Gebrauch der Kiemenreusen als Filterorgan.

Die Kleine Maräne lebt vor allem in den Seen Nordeuropas und an der Ostseeküste von Dänemark bis Finnland. Sie bevorzugt tiefere, reine Gewässer mit Kies- oder Sandgrund, auf dem sie im November bis Dezember laicht. Das Weibchen stößt in dieser Zeitspanne etwa 30 000 Eier auf den Boden aus. Die Brut und die erwachsenen Fische nähren sich vorwiegend von Plankton. Versuche, die Kleine Maräne in anderen Gewässertypen anzusiedeln – zum Beispiel in Staubecken – sind bisher wenig erfolgreich gewesen.

Wenn es gelingen sollte, die Kleine Maräne mit der Angel beim normalen Fang anderer Fischarten zu fangen, handelt es sich gewöhnlich um eine Ausnahme. Da sich dieser Fisch von Plankton nährt und ein feingeformtes Maul hat, eignet er sich nicht zum Fangen mit der Angel; diese Methode würde sehr feines Gerät und unerschöpfliche Geduld erfordern sowie genaue Kenntnis der Stelle, wo man angeln sollte. In manchen Seen kann die Kleine Maräne in großen Mengen vorkommen und wird gewöhnlich in Netzen gefangen. Auf dem Markt wird sie sehr geschätzt und häufig zu Konserven verarbeitet.

Coregonus albula

Die Große Maräne Lachse und Maränen

Coregonus lavaretus maraena *Salmonidae*

In der Körperform, in der Anordnung und der Farbe der Schuppen erinnert dieser Fisch an manche der sog. karpfenartigen Weißfische. Sein charakteristisches Merkmal ist ebenso wie bei der übrigen Familie der Lachse und Maränen die Fettflosse. Ihre Heimat sind die kühleren Seen des Nordens mit größerer Sichttiefe. Manchmal werden kühlere Fischteiche mit Jungfischen aus Brutanstalten als Begleitfische für Karpfen besetzt und gedeihen dort sehr gut. In manchen Stauseen ist die Maräne, wo sie versuchsweise ausgesetzt wurde, sogar heimisch geworden und pflanzt sich auf natürliche Weise fort. Sie lebt in Schwärmen.

Bis zum Alter von drei Jahren nährt sie sich vorwiegend von Plankton, das sie mit Hilfe der Kiemenstäbchen aus dem Wasser filtert. Später nimmt sie auch Bodentiere auf; im Verdauungstraktus der größten Exemplare kann auch Fischlaich gefunden werden. Unter günstigen Umständen wächst die Große Maräne schnell und erreicht mit 3 bis 4 Jahren ein Gewicht von einem Kilogramm, wird jedoch in der Regel nicht schwerer als 2 kg. Ans Ufer bzw. an die Küste gelangt sie erst im November und im Dezember, wenn sie auf schottersandigem Boden laicht.

Es wurde lange diskutiert, ob diese Fische an die Angel „gehen". Die letzten Jahre haben erwiesen, daß der Fang mit der Angel erfolgreich ist, wenn die richtige Zeit, d. h. die Abend- und Nachtstunden, ein tierischer Köder, ein feiner Haken und Schnur von 0,15 bis 0,20 mm gewählt werden. Auf ausgedehnten Gewässern empfiehlt es sich, von einem Boot aus zu angeln. Zu Zeiten, in denen die Große Maräne an die Oberfläche steigt, kommen Kenntnisse der Flugangelei zugute, ob man nun künstliche oder natürliche Insekten als Köder benutzt. Das Fleisch der Großen Maräne ist leicht und schmackhaft.

Coregonus lavaretus maraena

Der Schnäpel (Nordseeschnäpel) Lachse und Maränen
Coregonus lavaretus oxyrhynchus *Salmonidae*

Dieser Wandermaräne begegnet man am häufigsten an der Küste der Nordsee und des Atlantischen Ozeans sowie in den in diese fließenden Flüssen. Die Laichplätze liegen im Mittellauf der Flüsse, wohin der Fisch gewöhnlich erst am Ende des Sommers kommt. Aus historischen Berichten läßt sich schließen, daß der Schnäpel früher auf den Märkten längs des Rheines, der Weser und der Elbe ziemlich oft erhältlich war. Infolge der zunehmenden Verunreinigung der Flüsse sowie des Baus von Wehren und Talsperren wird er immer seltener; in manchen Flüssen steigt er nicht mehr hoch. In Schweden dringt er in die Seen vor, wo er dann bleibt und stellenweise eine ausgesprochene Süßwasserform entwickelt hat.

Der Körper des Schnäpels ist robuster und gedrungener als der der Großen Maräne. Die Oberseite des Kopfes und die Rückenpartie sind graugrün bis metallblau, in Richtung zum Bauch nehmen die Silbertöne zu. Das stark nach hinten versetzte unterständige Maul mit der langgezogenen Schnäpelnase zeugen davon, daß dieser Fisch seine Nahrung eher am Grund sucht, wo verschiedene Larven, Würmer und kleinere Weichtiere reichlich vorhanden sind. Hierin unterscheidet sich der Schnäpel also von den anderen nicht wandernden Maränen, die ständig in Seen leben und sich von Plankton nähren. Die Laichzeit beginnt Ende Oktober und dauert bis zum Dezember. Der Schnäpel laicht auf Schottersandgrund, die Jungfische werden von der Strömung zum Meer getragen. Der Schnäpel wird gelegentlich gemeinsam mit anderen Fischarten gefangen, denn er ist kein Angelfisch in des Wortes eigentlichem Sinn. Ein zufällig gefangenes größeres Exemplar setzt sich kräftig zur Wehr. Das Fleisch ist sehr wohlschmeckend.

Coregonus lavaretus oxyrhynchus

Die Äsche

Thymallus thymallus

Äschen

Thymallidae

Die Äsche wird mit Recht zu den schönsten Süßwasserfischen gerechnet. Sie zeichnet sich durch große glatte Schuppen, durch die Fettflosse und die Rückenflosse aus, die so groß ist wie bei keinem anderen Fisch jener Region der Vorgebirgsflüsse, die nach ihr als Äschenregion bezeichnet wird. Zur Laichzeit ist die Äsche wunderschön gefärbt, die Männchen bunter als die Weibchen; die Rückenflosse ist rotviolett mit braunen Übergängen, die Kiemendeckel sind blauviolett. Man findet die Äsche in den Vorgebirgsregionen der Flüsse (außer in Südfrankreich und Spanien); in Asien und Nordamerika leben verwandte Arten. Die Äsche erreicht ein Gewicht von 0,5 kg, ausnahmsweise auch von 1 kg, und wird sechs Jahre alt. Sie laicht im Frühjahr auf Kiesgrund. Gewöhnlich hält sie sich in den tieferen Strömungen am Boden auf und steigt zur Nahrungsaufnahme an die Oberfläche. Ihre Nahrung bilden ins Wasser gefallene Larven oder Insekten.

Das riesige Interesse für die Sportfischerei hat bewirkt, daß die Äsche künstlich erbrütet und ausgesetzt wird. Die Überlistung einer großen Äsche wird als Gipfel der Angelkunst angesehen. Um gute Fänge zu erzielen, ist ruhiges beständiges Herbstwetter notwendig, wobei die Stunden zwischen 10 und 10 Uhr am günstigsten sind. Die Äsche erfordert feines Gerät (Rute, eine spezielle Fliegenrolle, gute Fliegenschnur) und relativ kleine Fliegen; sie wird mit der Trocken-, aber auch mit der Naßfliege gefangen. Waten im Wasser fördert die Leistung des Anglers und seinen Erfolg. Ein größeres Exemplar wird gewöhnlich auch mit einem rotierenden kleinen Blinker gefangen (bewährt haben sich goldene Devons).

Das Fleisch der Äsche ist sehr wohlschmeckend.

Thymallus thymallus

Der Hecht

Esox lucius

Hechte

Esocidae

Der Hecht ist der bekannteste Raubfisch der Binnengewässer. Sein stark bezahnter Kiefer und das weit zu öffnende Maul erinnern an den Kopf eines Krokodils. Die weit nach hinten verschobene Rückenflosse ermöglicht die rasche Verfolgung der Beute. Die Zähne an den Kiefern erneuern sich von Zeit zu Zeit; weil sie nach innen geneigt sind, kann die gefangene Beute nicht entkommen. Die grüne Färbung des Körpers mit gelblichen Flecken ist beim häufigen Aufenthalt zwischen Wasserpflanzen von Bedeutung, wo der Hecht ausreichend Deckung und Nahrung findet. Die kleinen Hechte sind schlanker und bunter gefärbt, während ältere Fische, besonders die Rogner, einen robusteren Körper haben. Den Hecht findet man nicht allein im Süßwasser, sondern auch im Brackwasser an den Küsten Europas (außer den südlichen Gebieten), in den Flüssen, die in den Aralsee münden, sowie in den Flüssen Nordamerikas. Er lebt meistens vereinzelt und immer an der gleichen Stelle; er bewohnt vor allem langsam fließende oder stehende Gewässer. Nur selten unternimmt er Züge außerhalb seines Standortes. Meistens erreicht er eine Länge von ungefähr 1 m und ein Gewicht von 10 bis 15 kg. In Sibirien soll die Gewichtsgrenze 65 kg betragen. Das Wachstum erfolgt relativ schnell, größere Hechte nehmen mehr zu als kleinere, und Rogner wachsen schneller und werden älter als die Männchen.

Die Laichzeit fällt ins zeitige Frühjahr – in den Februar bis Mai, je nachdem, wie warm es ist. Das Weibchen legt (je nach seiner Größe) auf überschwemmten Wiesen und pflanzenbewachsenen Ufern mehrere zehn- bis hunderttausend Eier ab, stets in unmittelbarer Ufernähe. Bei der sportlichen Fischerei in natürlichen Gewässern reicht die Selbstvermehrung der Hechte durch Laichen nicht aus; deshalb werden Bruthechte in Gestalt von Brut oder auch mehreren Monate

Esox lucius

Der Hecht

Fortsetzung

alten (5 bis 8 cm großen) Jungfischen aus Brutanstalten ausgesetzt. Wo an „Hechtflüssen“ Staubecken errichtet wurden, nimmt die Zahl der Hechte zu, denn in den ersten Jahren nach Füllung des Stausees findet der Hecht hier vorzügliche Bedingungen zur natürlichen Fortpflanzung auf den jüngst überschwemmten Pflanzenbeständen. Nach Ablauf einiger Jahre geht die natürliche Population unter dem Einfluß des schwankenden Wasserstandes und infolge des Unterwaschens der Ufervegetation rasch zurück. Seines raschen Wachstums wegen wurde der Hecht auch an Stellen ausgesetzt, wo er früher gar nicht vorkam. In Spanien zum Beispiel gedeiht er gut, und dort wurden auch hohe Längen- und Gewichtszunahmen festgestellt.

Sehr bald nach dem Schlüpfen aus dem Ei beginnt der Hecht, Nahrung zu suchen; zuerst frißt er Plankton, dann auch die Jungfische anderer Fischarten, wobei er selbst die eigenen Artgenossen nicht verschont. Sofern gemeinsam mit dem Hecht Barsche und Plötzen vorkommen, bilden diese den größten Anteil seiner Nahrung (50 bis 70 %). Es wurde festgestellt, daß der Hecht je Kilogramm Gewichtszuwachs 4 bis 6 kg kleine Fische, meistens Weißfischarten, verbraucht. Die Nahrungsaufnahme hört auch winters nicht auf, in dieser Jahreszeit überwiegen gerade die wertvollen Fischarten. In manchen Gewässern ist der Hecht nicht gern gesehen (in vielen Seen Irlands, Schottlands, in Forellenflüssen), weil er große Mengen Saiblinge und Forellen zu vertilgen vermag. Häufig stürzt er sich auf eine Beute, die nur wenig kleiner als er selbst ist, und es wurden sogar zwei fast gleich große Hechte gefunden, von denen sich der eine bemüht hatte, den anderen aufzufressen.

Der Hecht bietet dem Angler zahlreiche Möglichkeiten zu interessanten Jagden. Günstig sind ruhiges Herbstwetter

Esox lucius — Detail des Kopfes

Der Hecht

Fortsetzung

und die frühen Morgenstunden; im Herbst, wenn die Reifung der neuen Geschlechtsprodukte beginnt, sind die Hechte nämlich in der Regel sehr raubgierig, und zwar die Rogner mehr als die Milchner. In Kanada, in den USA, in Finnland und anderwärts wird der Hecht mit Vorliebe im Winter gefangen, u. zw. am besten, wenn mittags die Sonne scheint, auf der zugefrorenen Fläche großer Seen und Flüsse. Gewöhnlich wird mit einem lebenden Köderfisch geangelt (Karausche, Barsch, Gründling, Plötze), wobei eine längere Rute mit härterer Spitze gute Dienste leistet, wenn man an seichteren Stellen in Ufernähe steht. Wichtig ist das größere Korkfloß, das den ausgeworfenen lebenden Köderfisch an der Oberfläche hält. Der Haken wird an einem Drahtvorfach mit Karabiner angebracht, wodurch ein Durchbeißen der Schnur verhindert wird. Nach dem Anbeißen wird die Schnur gelockert, und wenn der Fisch stehenbleibt und neuerlich davoneilt, erfolgt der stärkere Anhieb. Am sportlichsten ist jedoch entschieden der Fang mit Blinker und Wobblern. Bei dieser Fangart wechseln wir den Standort – wir suchen den Hecht auf. Zum Spinnangeln gebraucht man eine geeignete Schlepprute, eine Wurfrolle mit einem ausreichenden Vorrat an Schnur von 0,25 bis 0,30 mm Stärke und ein Drahtvorfach. Als bewährt gelten die klassischen Heintz-Blinker; in den letzten Jahren werden immer mehr Spinnblinker – wie Mepps – verwendet, die man lieber mit einem Antikinker kombiniert. An bewachsenen Stellen werden Wobbler mit Erfolg an der Wasseroberfläche gezogen. Den Fisch landet man meistens mit einem Kescher.

Über den Geschmack und die Güte des Hechtfleisches herrschen geteilte Ansichten. Es ist zwar nicht so gut, wie das Fleisch der Lachsfische, aber kann – entsprechend zubereitet – sehr gut schmecken.

Esox lucius — einjähriger Hecht mit unterschiedlicher Färbung und unterschiedlichem Körperbau

Die Plötze
Rutilus rutilus

Karpfenfische
Cyprinidae

Die Plötze ist in ganz Europa (mit Ausnahme des Gebietes südlich der Alpen) stark verbreitet, sie zählt zu den in langsam fließenden oder stehenden Gewässern mit schlammigem Grund am zahlreichsten vorkommenden Fischen. Eine Verwechslung mit der Rotfeder erscheint ausgeschlossen; die Rückenflosse der Plötze sitzt weit vorn, vor dem Beginn der Bauchflossen, die Iris ist satt rot, die Bauch-, After- und Schwanzflosse sind gelb bis hellrot. Das endständige Maul ist relativ klein, die Schlundzähne sind in einer Reihe angeordnet. In manchen abgeschlossenen Gewässern kann sich die Plötze bei Mangel an Raubfischen so vermehren, daß sie im Wuchs verkümmert und dabei mit wertvolleren Fischarten bei der Nahrungsaufnahme konkurriert. Sie erreicht gewöhnlich eine Länge von 20 bis 30 cm, ein Gewicht von kaum 0,5 kg (manchmal auch von 1,2 kg) und ein Alter von etwa 15 Jahren.

In Abhängigkeit von der Wassertemperatur erfolgt die Fortpflanzung Ende April bis Anfang Mai. Das Weibchen legt die Eier an überfluteten Pflanzen und Baumwurzeln ab. In älteren Staubecken, wo es an Pflanzensubstrat zum Ablegen der Eier fehlt, benutzt das Weibchen auch den felsigen Untergrund oder Kiesanschwemmungen am Ufer. Nach der Größe stößt der Rogner mehrere zehntausend rosa, etwa 1 mm große Eier aus. In der Laichzeit schließen sich die Weibchen zu großen Schwärmen zusammen, so daß die Laichstellen auch mit ganzen „Teppichen“ von Eiern bedeckt sein können. Anfänglich nährt sich die Plötze von Plankton, später von Insektenlarven und Insekten an der Wasseroberfläche.

Vom Standpunkt der Sportfischerei ist die Plötze bedeutsam und wird in den verschiedensten Klubwettbewerben hoch geschätzt. Sie ist fast immer bei Appetit und kann da-

Rutilus rutilus — Männchen mit Laichausschlag

her fast das ganze Jahr hindurch geangelt werden, allerdings im Rahmen der am Ort geltenden Vorschriften. Sie läßt sich auch bei zugefrorener Wasserfläche fangen. Stets verlohnt sich ein Anfüttern; ausgezeichnet sind pulverförmige Lockmittel, wie Reibteig oder auch aufgeweichtes Brot. In der kühlen Jahreszeit eignen sich tierische Köder besser (Zuckmückenlarven, Würmer, Fliegen), im Sommer pflanzliche Köder (Hanfsamen).

Die Köder und Lockmittel sollten gewechselt werden. Zum Angeln werden hohle elastische Laminatruten mit feiner Spitze und ganz dünne Schnur von höchstens 0,10 mm Stärke verwendet. Das Vorfach ist nach dem System Mattonta mit geteilter Beschwerung durch kleine Bleikugeln zusammenzustellen. Als Haken ist der feinste Crystal-Haken zu verwenden, ferner stets ein ganz kleines und empfindliches Floß. Die wahren Meister in diesem Fach fangen Plötzen mit nur einer Rute und bemühen sich, den Köder in ständiger Bewegung zu halten; Anbiß, Anhieb, Landen und Anködern wechseln in regelmäßigem, geradezu eintönigem Rhythmus miteinander ab. In Spezialgeschäften sind Köderpasten, verschiedene Beimischungen, Lockmittel usw. erhältlich. Die Angler haben es gelernt, richtige Geheimmittel zu brauen, farbige und duftende Teige zuzubereiten. Mit einem Wort, die Plötze ist der Fisch, der den Angler wie keine andere Art zu technischem Scharfsinn gezwungen hat. Gute Gelegenheiten zum Plötzenfang bestehen in den mitteleuropäischen Gewässern, wo dieser Fisch vom sportfischereilichen Standpunkt nicht so sehr geschätzt wird. Im Osten und Nordosten Europas ist er einer der beliebtesten Angelfische, der auch unter dem Eis gefangen wird.

Das Fleisch enthält zahlreiche Gräten, mancherorts wird es trotzdem zu Konserven verarbeitet.

Rutilus rutilus — aus einem Bergfluß

Der Döbel

Karpfenfische

Leuciscus cephalus

Cyprinidae

In Europa kommt der Döbel hauptsächlich in fließenden Gewässern vor, außer im Norden Schottlands, in Irland und Dänemark. Mit Vorliebe dringt er auch in stehende Gewässer vor, die vorübergehend mit einem Fluß oder Bach verbunden sind. Er bewohnt alle Fischregionen, am zahlreichsten ist er in der Barbenregion vertreten. Er hat einen breiten Kopf mit großem Maul; vom Hasel unterscheidet er sich durch die abgerundete Afterflosse. Die großen silbrig glänzenden Schuppen sind schwarz umsäumt, die Afterflosse und die Bauchflossen sind dunkelrot. Der Döbel ist in bezug auf die Güte des Wassers nicht anspruchsvoll, man kann ihm auch in den Abwässerkanälen, in den Ausmündungen der Kanalisationsrohre u. ä. begegnen.

Der Döbel frißt nahezu alles, angefangen mit Algen, verschiedenen Pflanzenteilen, ins Wasser fallenden Samen bis zu Insekten und Insektenlarven sowie Würmern; er verschlingt auch einen kleineren Frosch oder eine ertrunkene Maus, ja fällt auch in Schwärme kleiner Fische ein. Meistens wiegt er um 0,5 kg, man kann aber gelegentlich auch schwerere Exemplare fangen, die (bei einer Länge von etwa 50 cm) bis 2 kg, selten auch 4 kg schwer sind. Er wächst langsam, mit sechs Jahren ist er ungefähr 0,25 kg schwer und 25 cm lang. Geschlechtsreif wird er im dritten oder vierten Lebensjahr. Er laicht im ausgehenden Frühjahr auf Kiesgrund inmitten der Flußströmung. Die Männchen zeigen zur Laichzeit am Kopf Laichausschlag – weiße hornartige Auswüchse. Der Rogner hat in der Regel 20 000 bis 100 000 Eier. In Stauseen wachsen die Döbel rascher als im Fluß, und zwar vor allem die größeren Exemplare, die zur Lebensweise der Raubfische übergegangen sind.

Man kann ihn das ganze Jahr über mit Erfolg angeln, auch winters. Manchmal ist hierzu ziemlich viel Scharf-

Leuciscus cephalus — Flußform

sinn vonnöten, denn er ist meist sehr scheu, launisch und auch wählerisch. Am schwierigsten ist der Fang der größten Stücke. Im Winter empfehlen sich eher tierische Köder einschließlich Köderfischen (Elritze oder Moderlieschen), die an der Lippe oder in Kopfnähe angehängt werden. Bewährt haben sich außerdem gefüllte Geflügeldärme, Larven, Tauwürmer u. ä. Das Angelgerät soll fein, aber fest sein, der Köder soll beim Angeln in Grundnähe gleiten. Günstige Köder sind auch Kirschen, Sauerkirschen, Pflaumen, ferner Himbeeren, Brombeeren, gekochte Erbsen und Tomaten. Beim Grundangeln läßt man die Schnur stark durchhängen, weil der Anbiß gewöhnlich sehr heftig ist und der Angler zum Anhieb und zur Reaktion genügend Zeit haben muß.

Eine interessante Angelmethode besteht im Tippangeln mit einem lebenden oder auch toten Insekt. Diese Methode ist insbesondere dort wirksam, wo sich der Angler am Ufer zwischen Bäumen verbergen kann, deren Zweige bis über die Wasserfläche reichen. Bei dieser Angelmethode werden sehr lange und feine Ruten mit elastischer Spitze und feiner, dünner Schnur verwendet. Man klopft mit dem Finger an die Rute; bei senkrechtem Abwickeln der Schnur mit dem Köder unter der Rutenspitze wird die Vibration auf den Köder übertragen. Als Köder dienen Schmetterling, Maikäfer, Heuschrecke oder Fliege. Ebenso erfolgreich ist das Angeln mit künstlicher Naß- oder Trockenfliege.

Besonders schätzen alle Döbelfänger die mächtigen Schlundzähne als Trophäe, die – am Hut befestigt – nicht allein ein Erinnerungsstück, sondern auch ein Beweis der Tüchtigkeit des Anglers sind. Das Fleisch des Döbels ist nicht besonders schmackhaft; dies gilt besonders für Fische aus verunreinigten Gewässern.

Leuciscus cephalus — Seeform

Der Hasel — Karpfenfische

Leuciscus leuciscus — *Cyprinidae*

Den Hasel unterscheidet man vom Döbel durch die konkav ausgeschnittene Afterflosse, die beim Döbel abgerundet ist. Der Körper ist länger und mit größeren Schuppen bedeckt, die nicht dunkel gesäumt sind wie beim Döbel. Die Grundfarbe des Rückenteils ist Schwarzblau mit metallischem Schimmer. Alle Flossen (außer der Rückenflosse, die gewöhnlich dunkler ist) sind gelb oder orangefarben.

In Europa findet man den Hasel – außer in Irland, Schottland und den südlichen Gebieten – häufig bereits in der Forellenregion, normalerweise in der Äschenregion der Flüsse und Bäche. Zahlreich kommt er auch in der Barbenregion vor. In den Seen, in die er durch die Bäche gelangt, die er bewohnt, kann er eine Form mit hohem Körper ausbilden. Er wird nicht sehr groß, die größten Stücke erreichen eine Länge von 30 cm und ein Gewicht von etwa 0,30 bis 0,40 kg, in seltenen Fällen mehr. Die kleinen Hasel ziehen in Schwärmen auf die Nahrungssuche. Größere Einzelfische schießen lebhaft einzeln unter der Wasseroberfläche dahin und sammeln Insekten, die von den Ufern und Bäumen ins Wasser fallen. In Forellen- und Äschengewässern sehen die Fischer den Hasel nicht gern in größerer Zahl, weil er mit den Forellen und Äschen bei der Nahrungssuche konkurriert.

Der Hasel kann ähnlich wie der Döbel mit natürlichen Insekten gefangen werden, zum Beispiel durch Tippangeln. Dort, wo er häufig vorkommt, läßt er sich gut mit einer künstlichen Fliege an der Oberfläche fangen. Das Fleisch wird nicht besonders geschätzt, weil es trocken ist und viele Gräten enthält. Der Hasel hat keine größere sportliche oder wirtschaftliche Bedeutung.

Leuciscus leuciscus

Der Aland

Leuciscus idus

Karpfenfische

Cyprinidae

Von den anderen Karpfenfischen unterscheidet sich der Aland durch die kleinen Schuppen und das kleine Maul. Die Brust- und Bauchflossen sowie die Afterflosse sind zimtrot gefärbt. Der Rücken ist von einem dunkleren Grünblau, die Seiten sind silbrig mit einem Stich ins Goldene. Man findet den Aland in den europäischen Gewässern vom Rhein angefangen bis zu den großen Flüssen Sibiriens. Er bewohnt mit Vorliebe die Flüsse der Ebenen und zieht auch gern in deren Nebenflüsse. Versuchsweise wurde der Aland mit Erfolg auch in Teichen gezüchtet und zeichnet sich dort durch einen höheren Körperbau aus. Er ist sehr empfindlich gegen Verunreinigung der Gewässer und Uferregulierungen. Unter günstigen Umständen kann er ein Gewicht von mehreren Kilogramm erreichen, in der Regel wiegt er jedoch 0,5 bis 1 kg bei 40 cm Länge.

Wenn sich das Wasser im Herbst abkühlt, sucht er größere Tiefen auf. Im Frühjahr laicht er; der Rogner legt in der Regel bis zu 100 000 Eier ab. Beide Geschlechter nehmen zur Laichzeit eine goldene Färbung an, die Männchen zeigen Laichausschlag. Beliebt ist die Zucht der goldenen Form (Goldorfe) in Zierteichen u. ä.

Der Aland ist ein beliebter Angelfisch. Er läßt sich mit allen Ködern fangen; mit künstlichen Fliegen und mit kleineren Blinkern. Die größten Stücke wurden mit gezogenen toten Köderfischen oder mit angeköderten lebenden Köderfischen (Moderlieschen, Elritzen) gefangen. Der gefangene Aland weiß sich wütend zu wehren, deshalb ist sein Fang ein wahrer Genuß. Schwärme von Alanden findet man in der Nähe natürlicher Verstecke, unterhalb von Wehren, an überhängenden Ufern usw. Man kann sie auch anfüttern, sie mit gekochtem Mais, Erbsen oder Teig fangen. Das Fleisch des Alands ist ziemlich schmackhaft.

Leuciscus idus

Der Schneider — Karpfenfische

Alburnoides bipunctatus — *Cyprinidae*

Der Schneider gelangt in den Flüssen viel höher hinauf als die Ukelei. Man findet ihn normalerweise auch in der Forellenregion, ferner an ruhigeren Stellen, in Tümpeln und oberhalb von Wehren, meistens in Gesellschaft von Elritzen. Der Körper des Schneiders ist flacher und höher als der der Ukelei, das Maul eher mittel- als oberständig; die Augen sind groß, die Flossenwurzeln rosa. Die allgemeine Färbung ist dunkelsilbrig. Die Seitenlinie ist hinter dem Kopf gebrochen und der ganzen Länge nach von einem dunkleren Streifen gesäumt. Der Schneider wird nicht länger als 10 cm und erreicht nur selten ein Alter von sechs Jahren. Er fehlt in den nördlichen Ländern, in England, Irland sowie auch im Süden Europas.

Von der Anwesenheit des Schneiders in einem Gewässer wissen häufig selbst die Angler nichts; denn der Schneider vermehrt sich niemals so stark, daß er zahlenmäßig andere Arten überflügelt. Er laicht im Mai, das Weibchen stößt zu dieser Zeit an ausgesuchten Abschnitten mit ruhiger Strömung mehrere tausend Eier aus. Der Schneider nährt sich von verschiedenen kleinen im Wasser lebenden Organismen, von Insektenlarven, von ins Wasser gefallenen Insekten u. ä.

Der Schneider ist wirtschaftlich bedeutungslos. Er dient den Raubfischen als Nahrung und wird beim Raubfischfang als Köderfisch verwendet. Man fängt ihn am besten in Buchten, Tümpeln und an Stellen mit ruhiger Strömung, wobei man mit einem kleinen Haken und dünnster Schnur stippangelt.

Alburnoides bipunctatus

Die Elritze — Karpfenfische

Phoxinus phoxinus — *Cyprinidae*

Die Elritze bewohnt in ganz Europa kühlere, fließende oder auch stehende, mit Sauerstoff gut gesättigte Gewässer. In den Bächen findet man sie an Stellen mit ruhiger Strömung und feinem Schlamm- sowie Sandgrund. Sie hält sich in kleineren oder größeren Gruppen auf, je nach der Größe des Gewässers, häufig in Gesellschaft des Schneiders oder der Schmerle. Der Körperform nach gehört sie zu den schlanken Fischen mit länglichem Körper und längerem Schwanzstiel. Schuppen hat sie in größerem Maß nur an den Seiten. Am Rücken überwiegt eine olivgrüne Färbung, und vom Rücken geht zu den Seiten hin eine Reihe ungleich langer Querflecken aus.

In der Laichzeit – im Mai – sind die Milchner von den Rognern ohne Mühe zu unterscheiden. Das Männchen ist zu dieser Zeit viel bunter gefärbt; am Kopf zeigt es Laichausschlag in Gestalt weißer Körner, am Bauch, an den Brust- und Bauchflossen erscheint eine blutrote Färbung, und die olivgrüne Farbe verwandelt sich in Schwarz. Beim Weibchen sind hingegen die Seiten und der Bauchteil graubraun getönt, während ihm die rote Farbe gänzlich fehlt. Sein Bauch ist vor dem Laichen stark vergrößert.

Die größten Exemplare sind 10 bis 12 cm lang, und sie leben gewöhnlich nicht länger als vier oder fünf Jahre. In manche Forellengewässer werden Elritzen ausgesetzt, vor allem in Seen und größere Bäche, weil sie als Nahrung größerer Forellen gesucht sind. Wenn die Elritze aus einem Forellenbach in einen Teich gelangt, vermag sie sich stark zu vermehren. Die Angler betrachten sie als vorzüglichen Köderfisch für den Fang von Lachsfischen. Sie wird sowohl mit kleinen Wurfnetzen als auch mit kleineren Haken mit verschiedenen Insektenteilen oder auch Regenwurmstücken als Köder gefangen.

Phoxinus phoxinus — Männchen (oben) und Weibchen (unten) mit unterschiedlicher Färbung und mit Laichausschlag

Die Rotfeder

Scardinius erythrophthalmus

Karpfenfische

Cyprinidae

Die Rotfeder ist der Plötze sehr ähnlich. Man erkennt sie gut daran, daß ihre Rückenflosse weiter hinten sitzt als bei der Plötze, ferner an der sattroten Färbung der Flossen (die Plötze hat gelbe Flossen) und an der gelben bis orangeroten Regenbogenhaut. Die Schlundzähne sind in zwei Reihen angeordnet, und das Maul ist steil nach oben gerichtet (die Plötze hat ein mittelständiges Maul). Der silbrige Glanz der größeren Schuppen nimmt bei den älteren Fischen an den Seiten einen goldgelben Stich an.

Die Rotfeder findet man fast in ganz Europa in gut durchwärmten und langsamfließenden oder auch stehenden Gewässern niedrigerer Lagen, wo für sie auch die geeignete Pflanzennahrung vorhanden ist. An sonnigen Tagen hält sie sich gewöhnlich an der Wasseroberfläche auf, bei bewölktem Himmel eher in Grundnähe. Sie laicht im Frühjahr an überschwemmten Pflanzen, der Rogner legt bis zu 100 000 Eier ab. Wenn sie in Flußteiche oder Staubecken mit Pflanzenbewuchs gelangt, kann sie sich stark vermehren. Die größten Rotfedern können mehr als 1 kg schwer werden.

Die Sportfischerei bietet zahlreiche Möglichkeiten in der Wahl nicht allein der Fangmethode, sondern auch des Köders. Man kann die Rotfeder in ähnlicher Weise angeln wie die Plötze, und sie erfordert auch gleich feines Gerät. Beim Stippangeln wird die Tiefe der Angel auf etwa die halbe Höhe der Wassersäule eingestellt; Erfolg läßt sich auch unmittelbar unter der Oberfläche erwarten. Wenn kein anderer Köder zur Hand ist, tut es auch ein Bündel Wasseralgen, ein Stück Salatblatt usw. An heißen Sommertagen angelt man – gegen Abend – auch mit einer Fliegenrute auf ein natürliches oder künstliches Insekt. Mit besonders schönem Erfolg wurden Rotfedern durch Tippangeln gefangen. Die Rotfeder gibt einen guten Köder für den Raubfischfang ab.

Scardinius erythrophthalmus

Der Rapfen

Karpfenfische

Aspius aspius

Cyprinidae

Der Rapfen ist der einzige Raubfisch in der Familie der Karpfenfische. Sein ganzer Körperbau läßt erkennen, daß er ein vorzüglicher Schwimmer ist. Die große, tief ausgeschnittene Schwanzflosse ermöglicht heftige Ausfälle, wenn es darum geht, eine Beute zu verfolgen. Das Maul ist breit, der Unterkiefer ragt etwas über den Oberkiefer hervor (beide sind unbezahnt); die harten Lippen erschweren den Anhieb des Hakens. Kleine Rapfen erinnern im Aussehen an die Ukelei, mit der sie leicht verwechselt werden können.

Die Rapfen bewohnen die unteren Flußregionen, die Barben- und Bleiregion. Mit Vorliebe halten sie sich in der Nähe von Brücken, Brückenpfeilern, Zuflüssen, unterhalb von Wehren, in tieferen Strömungen und verwachsenen Flußabschnitten auf, ferner an Stellen, wo ein Seitenarm ins Flußbett einmündet, u. ä. Ihre Gegenwart verraten sie dem Angler durch ihre heftige Art, eine Beute an der Oberfläche zu verfolgen. Der Angriff erinnert an das Schlagen eines Ruders mit der flachen Seite auf die Wasserfläche.

Die Fortpflanzung besorgt der Rapfen im Frühjahr. Der Rogner legt in seichterer Strömung auf kiesigem Grund je nach seiner Größe 50 000 bis 400 000 Eier ab. Nur in dieser Zeit schließen sich die Rapfen zu größeren Gruppen zusammen, später leben sie dann wieder einzeln. Kleinere Fische bewegen sich an sonnigen Tagen in Gruppen von zwei bis fünf Exemplaren dicht an der Oberfläche dahin. Der Rapfen wächst relativ schnell, im dritten Jahr ist er gewöhnlich 30 bis 47 cm lang. Unter günstigen Bedingungen erreicht er ein Gewicht von 8 bis 10 kg, selten mehr.

Der Rapfen ist ein hochgeschätzter Sportfisch, der sich nicht leicht überlisten läßt. Er ist sehr scheu, und wenn der Angler seine Lebensweise in einem bestimmten Flußabschnitt nicht genau studiert und seine Gepflogenheiten nicht

Aspius aspius

Der Rapfen

Fortsetzung

ergründet hat, wird er schwerlich einen Fang vorweisen können. Auf die gewohnten und üblichen Köder beißt der Rapfen nur ausnahmsweise an. In langsamfließendem Wasser empfiehlt sich die Verwendung eines Blinkers mit exzentrischem Löffel, evtl. mit roter Befiederung an einem Drilling. In der Strömung eignet sich auch ein silberner Heintz-Blinker bis zu 5 cm Länge. Die Schnur muß dünn sein (bis 0,25 mm), ein Drahtvorfach wird nicht verwendet. Man wirft stets ein paar Meter von der Stelle entfernt, wo sich der Fisch durch seine harten Schläge an der Oberfläche verraten hat. Dabei wird der Blinker nur wenige Zentimeter unter der Wasserfläche geführt. Auf den Anhieb reagiert der Rapfen ungestüm, und er bemüht sich, sofort zu entkommen – da darf man nicht vergessen, die Bremse zu lösen.

Zu Erfolg können auch an der Oberfläche gezogene tote Köderfische verhelfen, hierzu haben sich an der Seite durchgenähte Ukeleien bewährt. Erfolg wurde auch mit einem lebenden Ukelei an kleinerem Haken und dünner Schnur ohne Beschwerung und sonstige Zusatzeinrichtungen erzielt; der Angler ließ sich den Ukelei ganz ungezwungen in Ukeleischwärme an der Oberfläche mischen. Nach dem Angriff des Rapfens und der Flucht der anderen Fische bleibt nur der Köder an der Oberfläche, den der Rapfen – oder manchmal auch ein anderer Raubfisch – gewöhnlich nicht lange in Ruhe läßt. Die günstigste Zeit zum Angeln ist kurz vor Anbruch des Abends bei Sonnenuntergang, in Flußströmungen der ganze Tag. Überraschende Erfolge wurden beim Angeln mit kleineren oder auch größeren künstlichen Fliegen erzielt, stets jedoch von hellerer Farbe, am besten weiß. Ein mit der Fliegenrute gefangener Rapfen kämpft wild, in seinem hartnäckigen Widerstand ist er den Lachsfischen durchaus vergleichbar.

Aspius aspius — Detail des Kopfes

Die Schleie Karpfenfische

Tinca tinca *Cyprinidae*

Die Schleie zählt ebenfalls zu den bedeutsamen Sportfischen aus der Familie der Karpfenartigen. Ihr Körper von charakteristischer zylindrischer Form ist mit elliptischen Schuppen bedeckt, die meistens tief unter der schleimigen dikken Oberhaut liegen. In den Winkeln des fleischigen Mauls hat sie zwei kleine Barteln. Von den Grundfarben überwiegen Dunkelgrün, Braun und Schwarz; manchmal ist ein ausgeprägter Goldschimmer vorhanden, doch meistens überdecken sich alle diese Farben. Heute lebt die Schleie in fast ganz Europa. Wo sie früher nicht vorkam, wurde sie eingeführt. Sie bewohnt stehende, langsamfließende Gewässer mit durchwärmten Buchten und reichlichem Pflanzenbewuchs sowie mit schlammigem Grund. Die Schleie wurde auch in kühleren Gewässern (in den Alpen bis zu einer Höhe von 1 600 m) oder in kleinen Torfseen mit sauererem Wasser ausgesetzt und ist darin heimisch geworden. In der mitteleuropäischen Teichzucht wird die Schleie allgemein als traditioneller Fisch zum Karpfen hinzugesetzt oder auch in Monokultur gezüchtet.

Sie laicht in der zweiten Junihälfte, manchmal auch erst im Juli, und die Brut erreicht im selben Jahr ein Gewicht von kaum 5 g. Schon nach Ablauf des ersten Lebensjahres läßt sich bei der Schleie das Geschlecht feststellen, allerdings bei älteren Fischen leichter als bei jüngeren. Die Männchen haben verdickte Flossenstrahlen und vergrößerte Bauchflossen, die bis hinter die Afteröffnung reichen, während die Weibchen kürzere und schmalere Bauchflossen haben, die nicht bis zur Afteröffnung reichen. In ärmeren und höher gelegenen Gewässern wachsen die Fische langsamer als in reicheren und in den Flußläufen der Niederung. Von der Teichzucht her ist bekannt, daß die Weibchen rascher wachsen als die Männchen. In manchen Gewässern erreicht die

Tinca tinca

Die Schleie
Fortsetzung

Schleie ein Gewicht von 3 bis 4 kg, gewöhnlich wird aber schon ein 1 kg schweres Exemplar als stattlich angesehen.

Unter Anglern ist bekannt, daß die Schleie den Köder erst lange „kostet", was beim Stippangeln am Tanzen des Floßes erkennbar ist. Mit dem Anschlag sollte man sich deshalb nicht beeilen. Die größten Erfolge werden vor der Laichzeit erzielt, wenn die Schleie in der Nahrungssuche reger ist und sich in Schwärmen bewegt. Da läßt sich der Anbiß mehrerer Fische nacheinander erwarten. Am besten beißen die Schleien zeitig früh und abends, bevor es dunkel wird. Auf ihre Anwesenheit wird man durch das Wogen der Wasserpflanzen aufmerksam gemacht und durch Blasen der vom Grund aufsteigenden Gase. Am besten ist ein Fleischköder zu verwenden; Maden und Regenwürmer, die in Grundnähe angeboten werden, aber auch Teig, gekochte Hülsenfrüchte und Kartoffeln sind geeignet. Mit Vorliebe frißt die Schleie Mollusken, weshalb sie in gut durchwärmten Staubecken und in schlammigen Gewässern gedeiht, wo diese Organismen relativ reichlich vorhanden sind. Nach dem Anschlag bemüht man sich, den Fisch von Pflanzenbewuchs und Buschwerk wegzubringen, weil er sich darin zu verstecken sucht. In der älteren Literatur findet man manchmal die Angabe, daß Raubfische und besonders Hechte die Schleie niemals angreifen; ich selbst habe aber einen Hecht gesehen, der mit einer Schleie als Köderfisch gefangen wurde.

Auf dem Markt ist die Schleie mancherorts sehr beliebt, zum Beispiel in der DDR und BRD oder in Italien, wo der Geschmack ihres Fleisches mit dem der Regenbogenforelle verglichen wird. Mit Ausnahme großer Exemplare wird der Fisch nicht gehäutet oder geschuppt, die Schuppen lösen sich beim Braten auf.

Tinca tinca — aus einem Torfsee

Der Gründling

Karpfenfische

Gobio gobio

Cyprinidae

Der Gründling gehört zu den allgemein bekannten Fischarten, die in der Regel die verschiedensten lokalen Bezeichnungen haben. Er ist klein, wird bei einem Gewicht von etwa 30 g kaum 15 cm lang und erreicht ein Alter von etwa fünf Jahren. In der Körperform erinnert er etwas an eine kleine Barbe. Sein Körper ist mit leicht ausfallenden Schuppen von silbrigem bis bläulichem Glanz bedeckt. In den Winkeln des fleischigen Mauls sitzen zwei Bartfäden. In Europa findet man ihn überall außer in den nördlichsten und südlichsten Teilen. Man begegnet ihm auch im Brackwasser, und zwar manchmal in ziemlich großen Schwärmen.

Der Gründling bewohnt langsamfließende Gewässer, und wenn er in Teiche gelangt, vermag er sich dort stark zu vermehren. An den Stellen häufigeren Vorkommens bewegt er sich meistens in Schwärmen. Er bevorzugt Gewässer mit härterem Grund, und man kann ihn auch in ziemlich stark verschmutzten Gewässern finden.

Der Gründling ist ein ausgezeichneter Köderfisch; unter einem Floß lockt er mit seinen ständigen Bewegungen zum Grund hin die Raubfische an. Wenn er am Grund in Nähe von Steinen, Hölzern u. ä. angeködert ist, sucht er gern zwischen diesen ein Versteck und liegt häufig am Grund. Nach Regenwetter begibt er sich mit Vorliebe in das getrübte Wasser, um Nahrung zu suchen. Die Angler trüben das Wasser manchmal künstlich mit Hilfe von Rasenstücken und fangen die Gründlinge dann darin mittels Stippangelns, am besten mit kleinsten Haken auf Regenwurmstücke, verschiedene Würmer und andere Köder. Obwohl der Gründling klein ist, schmeckt sein Fleisch hervorragend und wird deshalb von Feinschmeckern, zum Beispiel in Frankreich, sehr geschätzt.

Gobio gobio

Die Nase Karpfenfische

Chondrostoma nasus *Cyprinidae*

Die Nase gehört zu den wenigen pflanzenfressenden Fischen, die die Gewässer Mitteleuropas bewohnen. Sie nährt sich von Algenbewüchsen an Steinen, die sie mit ihrem verhornten schlitzartigen unterständigen Maul abkratzt. Große Nasenschwärme bewegen sich langsam stromaufwärts, bei der Nahrungssuche wenden sie sich nach den Seiten und machen durch das Aufblitzen ihrer Körper auf sich aufmerksam. Ein Fisch kann im Lauf eines Tages 32 bis 96 Millionen mikroskopisch kleine Kieselalgen fressen. Man begegnet der Nase in den in die Nord- und die Ostsee mündenden Flüssen sowie im Flußgebiet der Donau.

Die Laichzeit beginnt Ende April, wenn sich große Mengen von Fischen auf kleinen Flächen versammeln. Auf eine steinige oder sandige Unterlage kleben die Weibchen etwa 20 000 Eier von heller Ockerfarbe. Die erwachsenen Fische erreichen ein Gewicht von etwa 1 kg, selten mehr.

Hohe sportliche Bedeutung kommt dem Stippangeln zu, das an Angler und Gerät gewöhnlich hohe Anforderungen stellt. Der Köder wird etwa 10 cm über dem Grund bewegt. Nur ein erfahrener Sportfischer erkennt, ob das Floß unter dem Wasser verschwunden ist, weil der Fisch angebissen hat oder weil sich der Haken an einem Stein oder einer Wurzel am Grund verfangen hat. Rute, Schnur und Haken werden in ähnlicher Größe und Stärke wie für den Fang der Zährte gewählt. Als Köder kommen zum Beispiel gekochte Graupen, Insektenlarven, kleine Würmer in Frage. Um einen Schwarm in Angelweite zu halten, empfiehlt es sich, während des Angelns anzufüttern. Das Fleisch der Nase ist schmackhaft, ziemlich fett. Für diese Art ist die schwarze Auskleidung der Bauchhöhle typisch, die sich jedoch mühelos entfernen läßt und die geschmacklichen Eigenschaften in keiner Weise beeinträchtigt.

Chondrostoma nasus

Der Bitterling — Karpfenfische

Rhodeus sericeus amarus — *Cyprinidae*

Der Bitterling ist ein kleiner Fisch, der kaum 8 cm lang wird. Man kennt ihn eher unter den Aquarianern als unter den Anglern, obwohl er stellenweise ziemlich häufig vorkommt. Er fehlt in den Randgebieten Europas: im Norden Skandinaviens, im Süden – Spanien und Italien – sowie im Westen – England und Irland. Von den Aquarianern wird er an die verschiedensten Orte verbreitet. Er wird meistens vier, höchstens fünf Jahre alt.

Die Männchen sind gewöhnlich größer als die Weibchen, was unter Fischen nicht die Regel ist, und nehmen zur Laichzeit eine wundervolle Färbung an. Die Flossen bekommen einen schwarzen Saum, am rückwärtigen Teil der Seiten erscheint ein grünblauer Streifen, die Seiten sind silbrig rosa gefärbt, der Rücken wird dunkel. Die Fortpflanzung in reinen, langsam fließenden oder stehenden Gewässern, häufig mit schlammigem Gund, ist gänzlich von der Anwesenheit der Malermuschel abhängig. Wenn die Eier reifen, wächst dem Weibchen eine Legeröhre, mit deren Hilfe es die Eier zwischen die Kiemenblätter einer lebenden Muschel legt. Das Männchen läßt die Milch über der Atemöffnung der Muschel ausfließen und befruchtet auf diese Weise die Eier. Nach mehreren Tagen schlüpft die Brut und wird von der Muschel ausgestoßen. Der Bitterling leistet der Muschel den gleichen Dienst, denn die Larven der Muschel entwikkeln sich eine gewisse Zeit lang, am Körper der Bitterlinge haftend.

Von den Anglern wird der Bitterling nicht gern als Köderfisch benutzt, weil er ihrer Ansicht nach zu bitteres Fleisch hat, das die Raubfische nicht mögen; trotzdem wurde er in deren Verdauungstrakt gefunden.

Rhodeus sericeus amarus — Männchen (oben) und Weibchen (unten) in der Laichzeit

Der Ukelei — Karpfenfische

Alburnus alburnus — *Cyprinidae*

Der Ukelei ist den Sportfischern als ausgezeichneter Köderfisch wohlbekannt. Er erreicht nur kleine Abmessungen, gewöhnlich bis 15 cm, selten bis 20 cm, und wird auch nicht älter als sechs Jahre. Nur im ersten Lebensjahr, wenn er eine Länge von 6 bis 10 cm erreicht, wächst er schnell; später sehr langsam. Mit seiner Körperform und der silbernen Färbung erinnert er an die Ziege oder auch an einen kleinen Rapfen, mit denen er verwechselt werden könnte. Er hat große Augen und eine sehr steil gestellte Maulspalte. In Europa findet man ihn fast überall, er fehlt nur in Schottland und Irland.

Gewöhnlich trifft man den Ukelei in Schwärmen an der Wasseroberfläche an, mit der Barbenregion angefangen, hauptsächlich aber in der Bleiregion. Mit Vorliebe hält er sich an Stellen auf, wo verschiedene Abwässer (zum Beispiel von der Lebensmittelindustrie) einmünden; dort kann man ihn auch in großen Gruppen finden. Er nährt sich vorwiegend von Plankton, nimmt aber auch gern Insekten, die ins Wasser gefallen sind.

Der Ukelei ist ein für alle Raubfische hervorragend geeigneter Köderfisch, gleichviel ob tot am Grund für Zander bestimmt oder lebend an der Wasseroberfläche schwimmend für Rapfen. Man fängt ihn gut mit kleinstem Haken mit einer Fliege als Köder, auch mit einer kleinen künstlichen Trockenfliege. Zu beachten ist jedoch, daß der Ukelei sehr weiche Muskeln hat und sich leicht vom Haken losmacht.

Das Fleisch ist nicht besonders gut, wird aber mit Erfolg wie Sardinen in Öl konserviert.

Früher wurde aus den Schuppen das als „Essence d'Orient" bezeichnete „Kunstsilber" für die Kunstperlenerzeugung gewonnen. Um 100 g Essenz zu erhalten, mußten etwa 4000 Ukeleien gefangen werden.

Alburnus alburnus

Die Barbe

Barbus barbus

Karpfenfische

Cyprinidae

Die Barbe bewohnt die kleinen und großen Flüsse Europas außer Skandinavien, Irland, Dänemark und den südlichen Halbinseln. Das Augenmerk fesselt ihr symmetrischer, langgezogener Körper mit den in regelmäßigen Reihen angeordneten Schuppen. Der abgeflachte untere Teil des Körpers sowie die wulstigen Lippen des unterständigen Mauls mit vier dicken Bartfäden am oberen Rand lassen erkennen, daß sie sich meistens am Grund aufhält, wo sie nach Nahrung sucht.

Nach ihrem Vorkommen an tieferen Stellen wurden diese Flußabschnitte als Barbenregion bezeichnet. Sie wächst langsam; eine 63 cm lange und 2,15 kg schwere Barbe war 18 Jahre alt. Die Barbe kann ein Gewicht von 8 kg oder auch mehr, wenn auch sehr selten, erreichen. Bei der gegenwärtigen Verunreinigung der Gewässer wird die Zahl der Barben in den Flüssen immer kleiner. Die Barbe laicht im Juni; die Weibchen legen die Eier an flachen Stellen ab und kleben sie auf verschiedene Unterlagen. Mit Vorliebe halten sich die Barben in Schwärmen auf und bewegen sich langsam gegen die Strömung.

In tiefer Strömung erfolgt der Anbiß meistens heftig; er erinnert an das Hängenbleiben des Hakens an einem Stein oder an unter dem Wasser befindlichem Holz. Zu wählen sind größere feste (Karpfen-)Haken und 0,35 mm starke oder auch stärkere Schnur. Dem entspricht auch die verwendete Karpfenrute. In Frage kommen das Grundangeln oder Stippangeln. Als Köder eignen sich Regenwürmer, Larven der Köcherfliege, „Sprock", Käse, Teig, kleine tote Fische oder Fischteile (Fetzenköder). Das Fleisch verliert durch die zahlreichen Gräten an Wert.

Barbus barbus

Die Güster — Karpfenfische

Blicca bjoerkna — *Cyprinidae*

Die Güster ist eine in den stehenden und langsamfließenden Gewässern fast ganz Europas zahlreich anzutreffende Art. Im Aussehen erinnert sie an den Blei, mit dem sie viele Angler verwechseln; sie wird aber nicht so groß und hat auch eine kleinere Zahl von Strahlen in der Rücken- und Afterflosse sowie weniger Schuppen in der Seitenlinie. Der Körper der Güster ist mit großen regelmäßigen silbrigbronzefarbenen Schuppen bedeckt, die Brust- und die Bauchflossen sind rötlich. Die Schlundzähne sind in zwei Reihen angeordnet.

Die Nahrung der Güster besteht vorwiegend aus Plankton. Sie erreicht eine Länge von 20 cm, aber schon 8 bis 10 cm lange Fische sind geschlechtsreif und fortpflanzungsfähig. Der Rogner legt die Eier im Mai und Juni an den Wurzeln von Erlen und Weiden sowie an Wasserpflanzen ab. Unter natürlichen Bedingungen bilden die Güster einen Bestandteil der Nahrung der Raubfische, ansonsten werden sie von den Anglern als Köderfisch verwendet. Wer am Angeln mit besonders feinem Gerät, mit langen einschiebbaren Hohlruten Gefallen findet, kommt beim Fang der Güster auf seine Rechnung. Diese Fische sind ziemlich freßlustig und können mancherorts das ganze Kalenderjahr hindurch gefangen werden. Als Technik kommen das Grundangeln oder das Stippangeln in Frage. Die letztere Art wird zum Angeln in Tiefen bis zu 2 m zwischen Wasserpflanzen gewählt.

Für diesen Zweck sollen die Rute möglichst lang, die Schnur 0,15 mm stark und der Haken überaus fein sein. Nach den jeweiligen Umständen kommen verschiedene Köder, tierische oder auch pflanzliche, in Betracht. Wenn Teig verwendet wird, verbirgt man darin lediglich die Hakenspitze und füttert während des Angelns an. Das Fleisch ist sehr grätig, trotzdem mancherorts sehr beliebt.

Blicca bjoerkna

Der Blei Karpfenfische

Abramis brama *Cyprinidae*

Den Blei findet man überall in Europa mit Ausnahme der südlichen Halbinseln. Er zeichnet sich durch seine charakteristische Körperform aus, die flach und hoch ist mit relativ kleinem Kopf und silbrigblauer Färbung. Das vorstülpbare Maul läßt erkennen, daß der Blei seine Nahrung vom Grund aufnimmt; die Körperform verrät, daß er sich gern in größeren Tiefen aufhält. Bei der Nahrungssuche stellt er den Körper schräg. Er erreicht ein Gewicht von 0,5 bis 2 kg, es wurden aber auch 7 kg schwere Fische gefangen.

Der Blei bewohnt die stehenden und langsam fließenden Gewässer der sog. Bleizone, wo er sich in großen Schwärmen bewegt. Er bekundet eine Vorliebe für Stauseen und kann sich in diesen so stark vermehren, daß er mit anderen Fischarten in der Nahrungsaufnahme konkurriert und selbst im Wachstum verkümmert. Ende Mai oder Anfang Juni laicht der Blei an überschwemmten Gräsern oder Baumwurzeln. Die Rogner werden drei oder auch mehr Jahre später geschlechtsreif als die Milchner und erreichen auch ein höheres Alter. In der Laichzeit haben die Männchen am Kopf einen starken weißkörnigen Laichausschlag.

Unter den Anglern wird der Blei ziemlich hoch geschätzt. Zu seinem Fang sind feines Gerät, Schnur 0,15 bis 0,20 mm, eine längere feinere Rute, leichte, aber scharfe Haken erforderlich. Der Blei sucht das ganze Jahr lang Nahrung und im Herbst besonders intensiv. Gewöhnlich wird er am Grund mit gespannter Schnur gefangen, und der Anschlag soll stets sofort nach dem Anbiß erfolgen. Gut wird er auch von einem Boot aus geangelt, wobei kürzere, sogenannte Bootsruten zu verwenden sind. Als Köder dienen verschiedene Larven und Würmer, gekochte Graupen, Mais, Erbsen, Kartoffeln und Teig. Das Fleisch ist fetter, ziemlich grätig; mancherorts wird eine Fischsuppe daraus zubereitet.

Abramis brama

Die Zope
Abramis ballerus

Karpfenfische
Cyprinidae

Obgleich dieser Fisch dem Blei ähnelt, läßt er sich von ihm mühelos unterscheiden. Die Zope hat ein halbunterständiges Maul, einen niedrigeren und längeren Körper mit längerer Afterflosse und in der Seitenlinie eine größere Schuppenzahl. Man begegnet ihr in den ruhigen Gewässern Mittel- und Osteuropas – im Flußgebiet der Donau und der Wolga, wo sie stellenweise in größeren Mengen vorkommt. Wo am Fluß Talsperren errichtet werden, sagt ihr die Umwandlung des fließenden Gewässers in ein stehendes zu.

Im Gegensatz zum Blei nährt sich die Zope vorwiegend von Planktonorganismen. Sie erreicht keine großen Abmessungen, gewöhnlich bis 20 oder 30 cm. Die Fortpflanzung vollzieht sich in den Frühjahrsmonaten, wenn der Rogner die Eier an überschwemmten Pflanzen oder auf Kiesgrund ablegt. Die Männchen wachsen schneller als die Weibchen und erreichen durchschnittlich ein Gewicht bis zu einem Kilogramm. Sie werden bis 10 Jahre alt, aber es wurden auch schon Fische gefangen, die 17 Jahre alt waren. Gesalzen und getrocknet wird die Zope in Osteuropa als gesuchte Delikatesse zu Bier und Wodka genossen. Als Sportfisch hat sie an den Stellen ihres Vorkommens bisher keine Bedeutung erlangt.

Abramis ballerus

Die Zährte

Karpfenfische

Vimba vimba

Cyprinidae

Die Zährte hat ein breites, stark unterständiges Maul mit fleischigen Lippen. Der spindelförmige Körper läßt erkennen, daß sie sich mit Vorliebe in der Strömung aufhält. Zur Laichzeit nehmen der graublaue bis braungrüne Rückenteil und die silbrigen Seiten eine andere Färbung an. Der Rücken wird dunkel, ja schwarz, und an der ganzen Bauchseite zieht sich ein orangefarbener Streifen entlang. Auch die Wurzeln der paarigen Flossen zeigen einen orangefarbenen Schimmer. Die Milchner weisen Laichausschlag in Form weißlicher Warzen auf. Bei den jüngsten Fischen ist eine Verwechslung mit der Nase möglich.

Die Zährte gehört zu den Bewohnern der in die Ostsee mündenden Flüsse, lebt aber auch im Einzugsgebiet der Donau, allerdings in einer anderen Variation. In sechs bis acht Jahren wird sie 20 bis 30 cm lang; in der Weichsel in Polen wurden auch 3 kg schwere Exemplare gefangen. Die Zährte wandert von Ort zu Ort; die schneller wachsende Wanderform unternimmt, sofern sich ihr nicht Hindernisse in Form von Talsperren und hohen Wehren entgegenstellen, bis 600 km weite Züge.

Die Zährte wird mit Vorliebe auf Graupen gefangen; den gleichen guten Dienst leisten auch Teigkügelchen, Regenwurmstücke, Würmer. Vorteilhaft ist die Methode des Floßangelns, der Köder soll dabei in geringer Entfernung – etwa 10 cm – über dem Grund schweben. Die Schnur soll nicht auf dem Wasser schwimmen, sondern zwischen Floß und Rute „durch die Luft" gehen. Zu wählen sind eine längere Rute von mindestens 3 m mit feinerer Spitze und 0,15 mm starke Schnur. Auf einen kleinen Haken mit feiner Spitze werden eine, höchstens zwei Graupen gespießt. Während des Angelns wird angefüttert. Das Fleisch der Zährte ist schmackhaft, es wird gebietsweise gern gegessen.

Vimba vimba

Die Ziege

Pelecus cultratus

Karpfenfische

Cyprinidae

Die Ziege ist einer der weniger bekannten, dafür aber sehr interessanten Karpfenfische. Im Körperbau und in der Färbung erinnert sie an den Ukelei. Sie hat ein zahnloses oberständiges Maul. Die langen schmalen Brustflossen reichen bis zum Ansatz der Bauchflossen. Charakteristische Merkmale sind die tiefliegende, zackig verlaufende Seitenlinie und der scharfe schuppenlose Bauchkiel. Eigenartig sind die auffallend großen Augen. Die Ziege erreicht ein Gewicht von 0,5 kg, ausnahmsweise von 1 kg.

Man begegnet ihr in den Flüssen und Stauseen im Einzugsgebiet der Ostsee, des Kaspischen und des Schwarzen Meeres. Obwohl sie normalerweise an den Küsten salziger Gewässer lebt, dringt sie auch stromaufwärts hoch in die Flüsse ein. In der Donau schwimmt sie mit Vorliebe auch in deren Seitenarme, wo sie sich vorwiegend von verschiedenen Insekten nährt und die älteren Exemplare auch Fischbrut nicht verachten. Die Ziege kann sich gut auch geänderten Lebensbedingungen anpassen, die zum Beispiel durch die Errichtung von Talsperren entstehen.

Die Ziege laicht in den Frühjahrsmonaten in der Flußströmung; der Rogner stößt je nach Größe einige zehntausend Eier aus, die von der Strömung davongetragen werden.

Gefangen wird die Ziege meistens durch einen Zufall beim Fliegenangeln von Rapfen, oder wenn sie sich auf einen kleinen Blinker stürzt. Mancherorts bildet sie einen häufigeren Fang. Die Ansichten über die Güte ihres Fleisches gehen auseinander. Das Fleisch ist gesalzen oder auch geräuchert gut, für gewöhnliche Zubereitungsarten erscheint es jedoch weniger geeignet.

Pelecus cultratus

Die Karausche — Karpfenfische

Carassius carassius — *Cyprinidae*

Vom Karpfen unterscheidet sich die Karausche insofern, als sie einen kleineren Kopf und keine Barteln hat; das Auge hat eine silberfarbene Regenbogenhaut, und vor der Schwanzflosse findet man – vor allem bei den jüngeren Fischen – einen dunklen Fleck. In nährstoffarmen Gewässern hat sich eine Form mit niedrigem Körper (morpha humilis) entwickelt, in einem günstigen Milieu zeichnet sich die Karausche durch hohen, gewölbten Körperbau aus.

Sie kommt nahezu in ganz Europa vor, im Osten bis zur Lena. Mit dem Karpfen wurde sie auch nach Asien und Amerika verschleppt. In stehenden stark verwachsenen, schlammigen Gewässern erfolgt starke Vermehrung. Sie wächst langsamer als der Karpfen, erreicht kleinere Maße und wiegt bis 0,25 kg; große Stücke erreichen ein Gewicht von 0,75 kg.

Die Karausche vermehrt sich im ausgehenden Frühjahr oder zu Sommerbeginn. Im Lauf mehrerer Tage legt der Rogner 100 000 bis 300 000 Eier an den verschiedensten Wasserpflanzen ab. Die verkümmerte Form mit niedrigem Körper erreicht eine Länge von 10 bis 12 cm und laicht bereits bei 7 cm Länge. Es gibt Karpfenbastarde, die auch fruchtbar sein können. Sie wachsen langsamer als der Karpfen, aber schneller als die Karausche. Diese Kreuzung wird manchmal absichtlich herbeigeführt, um Nachkommenschaft zur Bevölkerung von Gewässern zu erzielen, in denen andere Arten schwerlich fortkommen würden.

Als Angelfisch wird die Karausche nicht angesehen. Als Köderfisch zum Fang von Raubfischen – vor allem Hechten – hält und spielt sie vorzüglich unter dem Floß und verträgt auch den Transport über größere Entfernungen. Das Fleisch ist relativ schmackhaft; von Fischen aus schlammigen Gewässern hat es manchmal einen unangenehmen Geruch.

Carassius carassius

Der Karpfen

Cyprinus carpio

Karpfenfische

Cyprinidae

Der Karpfen ist einer der bekanntesten Fische Europas, und zwar nicht nur bei Fischern bzw. Anglern, sondern auch bei der ganzen Bevölkerung. In Europa war er der erste Fisch, der in künstlichen Behältern – in Fischteichen – gezüchtet wurde, und er hat später in manchen Teilen Europas (in der Tschechoslowakei, in Polen, Deutschland, Frankreich und Jugoslawien) eine gewaltige Entfaltung der Teichwirtschaft ausgelöst. Die ursprüngliche Heimat des Wildkarpfens, dessen Körper langgestreckt, zylindrisch und regelmäßig beschuppt war, lag in den großen Zuflüssen des Mittelländischen, des Schwarzen und des Kaspischen Meeres sowie des Aralsees. Im Flußgebiet des Amur lebt eine selbständige Untergruppe.

Man findet ihn in der Bleiregion der Flüsse, er liebt aber auch die am Unterlauf der Flüsse entstandenen Stauseen. Im Winter begibt er sich in Gruppen oder Schwärmen in schwach salzige Seen in Küstennähe oder auch ins Meer. In diesen Gewässern erreicht er eine Länge von bis 1 m und ein Gewicht von mehr als 20 kg.

Der Rogner wird im vierten oder fünften Lebensjahr geschlechtsreif, der Milchner ein Jahr eher. Zum Laichen schwimmen die Karpfen an seichte (20 bis 40 cm tiefe), warme, grasbestandene Stellen, wo sie in den frühen Morgenstunden die Eier ablegen. An den Laichstellen verraten sie sich durch ihr stürmisches Verhalten. Der Rogner stößt mit kleinen Pausen mehrere hunderttausend bis eine Million sehr kleine Eier aus, die sich an Wasserpflanzen festheften. Im Lauf einiger Tage schlüpft die Brut aus, die sich mit Hilfe klebriger Drüsenabsonderungen gleichfalls an den Wasserpflanzen festhält. Anfänglich verdaut sie den Inhalt des Dottersackes; dann beginnt sie, sich von Plankton zu nähren, und später geht sie zu gröberer am Grund lebender Nah-

Cyprinus carpio — Wilde Flußform

Der Karpfen

Fortsetzung

rung – Benthos – über. Im Hinblick auf die größere Widerstandsfähigkeit des ursprünglichen Flußkarpfens gegen Krankheiten und ungünstige Bedingungen des Milieus wird er stellenweise in freien Gewässern ausgesetzt, wo er sonst nicht vorkommt.

Den Züchtern ist es gelungen, verschiedene Formen herauszubilden: zum Beispiel hat der Kulturkarpfen aus den Fischteichen einen sehr hohen Körper mit gewölbtem Rücken; manchmal ist er nur teilweise mit Schuppen bedeckt, man spricht in diesem Fall von Spiegelkarpfen, in anderen Fällen ist er ganz schuppenlos (Lederkarpfen). Außerdem sind auch golden schimmernde Formen u. a. bekannt. Heute gibt es keinen Erdteil mit günstigen Klimabedingungen, in dem der Karpfen nicht eingeführt, ausgesetzt und gezüchtet würde. Er wurde auch nach Amerika und Australien gebracht, wo er jedoch seiner Fähigkeit wegen, sich allzu stark zu vermehren, nicht eben beliebt ist und als „Fischunkraut" angesehen wird.

Auch in der Färbung der Zuchtkarpfen bestehen bestimmte Unterschiede. Goldbraun und Gelb herrschen vor. Der Rücken ist gewöhnlich dunkler als die Seiten, der Bauch ist gelblich weiß.

Außerdem sind auch Blaukarpfen bekannt, deren Färbung der dünnen Haut zuzuschreiben ist. Kleine Schuppenkarpfen können mit der Karausche verwechselt werden, von der sie sich durch die vier Barteln in den Winkeln des fleischigen Mauls unterscheiden. Mancherorts wird der Zuchtkarpfen alljährlich in großen Mengen in freie Gewässer ausgesetzt. Diese Maßnahme erweist sich jedoch häufig als nicht wirtschaftlich. Viele Karpfen, die an das bequeme Teichleben gewohnt sind, leiden an verschiedenen Krankheiten und finden in der Konkurrenz mit den anderen Fischen häufig nicht genug Nahrung.

Cyprinus carpio — Schuppenkarpfen

Der Karpfen

Fortsetzung

Der Karpfen besitzt große wirtschaftliche Bedeutung. In Mitteleuropa sind 2 bis 3 kg schwere Karpfen beliebt, aber zum Beispiel auf Djawa oder in Israel werden viel kleinere Karpfen verkauft, im Gewicht von 250 bis 500 g. Die Karpfenproduktion wird ständig gesteigert; die Fische werden zusätzlich intensiv gefüttert, die Teiche gedüngt und desinfiziert, das Wasser wird erwärmt. In Europa wurden vorläufig versuchsweise, jedoch mit besten Erfolgen, die erwärmten Wasser zum Beispiel von Wärmekraftwerken genutzt, wodurch es gelang, die Vegetationszeit der Karpfen auf das ganze Jahr auszudehnen und die Zuwächse wesentlich zu erhöhen. Geradezu unglaubhafte Ergebnisse wurden in kleinen Becken mit kontrolliertem Regime (Temperatur, Sauerstoff, Wasserwechsel) erzielt; die Fische konnten hier ganz nach Appetit die Nahrung aus Futterautomaten selbst entnehmen. Bereits in einigen Monaten erreichten sie ein Gewicht von 1 kg und waren fortpflanzungsfähig.

Im übrigen ist der Karpfen ein bei den Sportanglern beliebter Fisch, obgleich er sehr launisch und scheu ist. Zu beißen beginnt er bei einer Wassertemperatur von ungefähr 10 °C; im Herbst beißt er bis in den Oktober und November, zumal in tieferen Gewässern. Der herbstliche Fang wird als der beste angesehen, denn in dieser Jahreszeit erreicht die Bildung von Fettreserven für den Winter bei den Fischen ihren Höhepunkt. Sommers ist der Fang gewöhnlich zeitig morgens, gegen Abend oder in den Nachtstunden erfolgreich. Im Herbst besteht den ganzen Tag über Hoffnung auf einen Fang. Zum Anfüttern eignen sich Teigreste, gekochte Kartoffeln, Getreide, Treber, gekochte Bohnen, Erbsen, Mais, Lupine, Linsen. Wenn man mit Teig anfüttern will, darf dieser nicht zu viel Zucker enthalten; er sollte eher mit künstlichen Süßstoffen gesüßt werden, weil sich das

Cyprinus carpio — Spiegelkarpfen

Lockmittel sonst rasch zersetzt. Im Frühjahr werden auch tierische Köder verwendet, meistens Regenwürmer. Einen erfolgreichen Köder bilden kleine Stücke Brotrinde, die auf dem Wasser schwimmen, vor allem an Stellen, wo mitunter solche Reste auf dem Wasser auftauchen. Die geringsten Angelerfolge werden verzeichnet, wenn das Wasser „blüht" (gewöhnlich im August).

Für den Karpfenfang eignen sich alle Arten von Ruten, die ausreichend lang (ungefähr 3 m) und härter sind. Die Rolle muß mit gut einstellbaren Bremsen versehen sein. Die Schnur wird mittelstark (0,25 bis 0,35 mm) und stets in ausreichender Länge nach der Größe des Gewässers gewählt, an dem man angelt, wenigstens jedoch 100 m lang. Manchmal werden auch Drillinge benutzt, zum Beispiel beim Fangen mit Kartoffelwürfeln, doch sportlicher und schonungsvoll ist der Fang mittels eines Karpfenhakens mit kurzem Schenkel. Beim Grundangeln soll die Schnur keinen Durchhang haben. Sofort nach dem Anhieb schnellt der Karpfen im Gefühl seiner Kraft und Überlegenheit jäh vorwärts.

Beliebt ist auch das Grund- oder Stippangeln vom Boot aus. Bei letzterer Fangart sucht man eher seichtere Stellen, die freie Wasserfläche in der Nähe des Gelegegürtels usw. Hier lohnt es sich, mit scharfen Haken zu angeln; das Floß soll möglichst fein, empfindlich und richtig ausgewuchtet sein (es soll fast ganz unter dem Wasser stehen). Ein guter Kescher sollte stets zur Hand sein, in dem der Fisch auf das höhere Ufer oder ins Boot bugsiert werden kann.

Der Karpfen hat wohlschmeckendes Fleisch, das gekocht, gebraten, geräuchert, gebacken und mariniert vorzüglich mundet. Hervorragend ist auch die aus Rogen und Milch zubereitete Suppe. Unter den Süßwasserfischen besitzt der Karpfen die größte wirtschaftliche Bedeutung.

Cyprinus carpio — Lederkarpfen

Die Schmerle — Schmerlen

Noemacheilus barbatulus — *Cobitidae*

Die Schmerle ist ein typischer Vertreter der Familie Cobitidae, die sich durch einen langgezogenen spindelförmigen Körper und kleine Abmessungen auszeichnet. Die Fische dieser Familie haben meistens einen nackten oder mit sehr kleinen, in die Haut eingewachsenen Schuppen bedeckten Körper. Die Schmerle ist beschuppt und weist eine fleckige graubraune Färbung auf, durch die sie schwer vom Grund zu unterscheiden ist. Um das Maul hat sie sechs Bartfäden. Sie erreicht eine Länge von etwa 15 cm und ein Alter von ungefähr 5 Jahren.

Die Schmerle lebt am Grund kleiner Gebirgs- und Vorgebirgsflüsse mit mäßigem Gefälle, und man findet sie überall in Europa außer in Norwegen und Nordschweden. Besonders liebt sie sandigen Grund mit verstreuten Steinen, die ihr Versteckmöglichkeiten bieten. Wenn sie in ein stehendes Gewässer, zum Beispiel in einen Teich gelangt, vermag sie sich darin stark zu vermehren. Sie bewegt sich am Grund ruckartig und verrät sich lediglich durch das Aufwirbeln des feinen Schlamms oder Sandes. In der Laichzeit, die vom Frühling bis Juli dauert, legt sie in mehreren Intervallen einige tausend Eier ab. Sie nährt sich von kleinen Larven, die sie am Grund findet, und wird selbst häufig die Beute von Raubfischen.

Die Schmerle war früher wegen ihres hervorragenden schmackhaften weißen Fleisches sehr beliebt. Für den Sportfischer besitzt sie keine Bedeutung, gelegentlich dient sie als Köderfisch beim Raubfischfang.

Noemacheilus barbatulus

Der Steinbeißer

Schmerlen

Cobitis taenia

Cobitidae

Obwohl der Steinbeißer wie die Schmerle sechs Bartfäden hat und auch zur Familie Cobitidae gehört, unterscheidet er sich von den anderen Angehörigen dieser Familie durch den charakteristischen zweispitzigen vorstehenden Augenstachel unter jedem Auge, der mittels besonderer Muskeln betätigt wird. Bei heftigen Bewegungen des Fisches kann sich der Angler daran leicht verletzen. Die Grundfärbung des Körpers ist gelbbraun bis orangefarben mit 10 bis 18 großen dunklen Flecken an den Seiten. Das Männchen unterscheidet man vom Weibchen nach dem verstärkten zweiten Brustflossenstrahl, an dessen Wurzel sich eine besondere Schuppe befindet.

Der Steinbeißer kommt fast überall in Europa vor, doch häufig ist sein Vorkommen gar nicht bekannt. Er fehlt im Norden Schottlands und in Irland. Erst bei Verwendung moderner elektrischer Angelgeräte hat sich gezeigt, daß der Steinbeißer in den Bächen ziemlich zahlreich vertreten ist. Er lebt nämlich im Verborgenen, meistens an Stellen mit feinem Sand, wo nur sein Kopf und seine Schwanzflosse aus dem Grund herausragen. Er bewohnt langsamfließende und stehende Gewässer und laicht an Pflanzenresten oder überschwemmten Wasserpflanzenbeständen. Er erreicht eine Länge von 6 bis 12 cm.

Für den Sportfischer besitzt er keine Bedeutung, denn sein allzu kleines Maul erschwert den Fang an der Angel. Manchmal wird er als Aquarienfisch gehalten.

Cobitis taenia

Der Schlammpeitzger — Schmerlen

Misgurnus fossilis — *Cobitidae*

Der Schlammpeitzger gehört zu den größten Schmerlen. Er lebt in fast ganz Europa, von Frankreich bis zur Wolga in der UdSSR, hat einen langen, gelb- bis schwarzbraunen längsgestreiften Körper und wird 20 bis 30 cm lang. Er besitzt zehn Bartfäden. Die Bauchpartien sind gelb bis orangerot gefärbt.

Der Schlammpeitzger liebt die unteren Abschnitte langsamfließender Gewässer, aber man findet ihn auch in stehenden Gewässern. Stellenweise kommt er ziemlich zahlreich vor. Meistens lebt er verborgen im Schlamm von Seitenarmen, Sümpfen und gänzlich verwachsenen Tümpeln. Mit Eintritt der Nacht begibt er sich auf die Nahrungssuche. In Gewässern, deren Sauerstoffverhältnisse nicht immer die besten sind, bedient er sich der Darmatmung (Luftschlukken). An der Wasseroberfläche schmatzend, nimmt er eine Luftblase auf, der in einem bestimmten Abschnitt des Enddarms der Sauerstoff entnommen wird. Die verbleibende Luft entweicht mit einem pfeifenden Geräusch durch die Afteröffnung. Den Winter über liegt er tief im Schlamm vergraben. Im Frühjahr, zur Laichzeit, legt der Rogner gewöhnlich an schwer zugänglichen Stellen bis zu 150 000 Eier am Gewirr der Wasserpflanzen ab.

Der Schlammpeitzger besitzt weder wirtschaftliche noch sportfischereiliche Bedeutung. Von den Anglern wird er jedoch als guter Köderfisch zum Fang großer Raubfische, zum Beispiel der Welse, angesehen. Wegen seiner geringen Ansprüche in bezug auf den Gehalt des Wassers an gelöstem Sauerstoff wird er auch in Aquarien gehalten, um Änderungen des Wetters anzuzeigen. Bei plötzlichen Änderungen des atmosphärischen Drucks schwimmt er nämlich unruhig an den Wänden des Aquariums entlang oder steigt auch an die Wasseroberfläche.

Misgurnus fossilis

Der Wels

Silurus glanis

Welse

Siluridae

Wo der Hausen (Huso huso) nicht vorkommt, ist der Wels der überhaupt schwerste und größte Süßwasserfisch. Größere Stücke lassen sich mühelos von anderen Fischarten unterscheiden, kleine Exemplare erinnern im Aussehen an den Zwergwels. Sie unterscheiden sich von diesem jedoch durch die sechs Bartfäden, von denen die beiden längsten am Oberkiefer, vier kürzere am Unterkiefer sitzen, die lange Afterflosse und den länglichen braun- oder grauschwarz gefleckten schuppenlosen Körper. Man findet den Wels in langsamfließenden Flüssen, im Westen beginnend mit dem Rhein und im Sammelgebiet der Ostsee, des Schwarzen und des Kaspischen Meers sowie des Aralsees. Gut gedeiht er auch in tiefen Stauseen an Talsperren, die am Unterlauf der Flüsse errichtet wurden.

Das breite, mit Hechelzähnen ausgerüstete Maul läßt den Raubfisch erkennen. Die älteren Welse stellen vor allem kleinen, minderwertigen Fischarten nach, ausnahmsweise auch wertvollen und größeren Fischen. Sie verschmähen auch verschiedene Larven, Muscheln, Krebse, kurz alles Lebendige nicht, das sie am Grund finden. Auf Beutezug begeben sie sich in den Abend- und Nachtstunden, aber auch zeitig morgens. Häufig verraten sie sich dabei durch Geräusche, die an Froschquaken erinnern.

Ihre Laichzeit fällt in das Frühjahr bei einer Wassertemperatur um 19 °C. Der Rogner bereitet dazu an seichten Stellen aus kleinen Wurzeln und verschiedenen Pflanzenresten Nester vor, in die er mehrere zehntausend bis mehrere hunderttausend größere Eier ablegt. Das Männchen bleibt eine bestimmte Zeit lang als Wache beim Nest. Die geschlüpfte Brut erinnert an Kaulquappen, sie verbirgt sich gern vor dem Tageslicht unter Steinen. Im siebenten Lebensjahr erreicht der Wels ein Gewicht von 4 bis 7 kg. Ältere Fische neh-

Silurus glanis

Der Wels

Fortsetzung

men mehr zu als die jüngeren, 1 bis 3 kg jährlich. Die Männchen können das hohe Alter von 30 und mehr Jahren erreichen. Heute werden häufiger 30 bis 50 kg schwere Fische gefangen, ausnahmsweise auch noch schwerere.

Vom Standpunkt der Sportfischerei wird der Wels hoch geschätzt, weil er ein guter Kämpfer ist und nur von einem wirklich erfahrenen Angler überlistet werden kann. Erfolge lassen sich am ehesten mit anbrechendem Abend, manchmal auch in den Nachtstunden erwarten. Eine günstige Stunde ist auch der frühe Morgen. In der Dunkelheit kommen die Welse häufig bis ganz ans Ufer. Der beste Monat für den Fang ist der Juni, insbesondere an warmen Tagen und bei bewölktem Himmel. Man kann den Wels mittels Grundangelns mit lebendem oder totem Köderfisch fangen, an der Wasseroberfläche mit einem größeren Floß oder auch mit einem durch das Wasser gezogenen toten Köderfisch.

Als die sportlichste Methode wird das Angeln mit einem Blinker, Wobbler oder Nachahmungen von Mäusen, Fröschen u. ä. angesehen. Die Rute muß 2 bis 3 m lang und von ausreichender Kraft und Güte sein. In reinen Flußabschnitten oder Stauseen genügt zum Spinnangeln mit Blinker eine Schnur von 0,30 bis 0,35 mm, in verwachsenen Tümpeln und beim Angeln mit lebenden Ködern am Grund gewöhnlich 0,45 mm. Auf der Rolle muß stets ein ausreichender Schnurvorrat vorhanden sein. Nach dem harten Anhieb schießt der Wels sofort in ein nahes Versteck, wendet sich häufig um, schlägt mit dem Schwanz nach der Schnur und steht kopf. Die Bremse wird im Verlauf des Drills nach dem vom Fisch ausgeübten Zug eingestellt. Zum Landen wird ein Gaff benutzt. Der Wels hat schmackhaftes Fleisch, das Fleisch größerer Fische ist fett; gut ist es geräuchert.

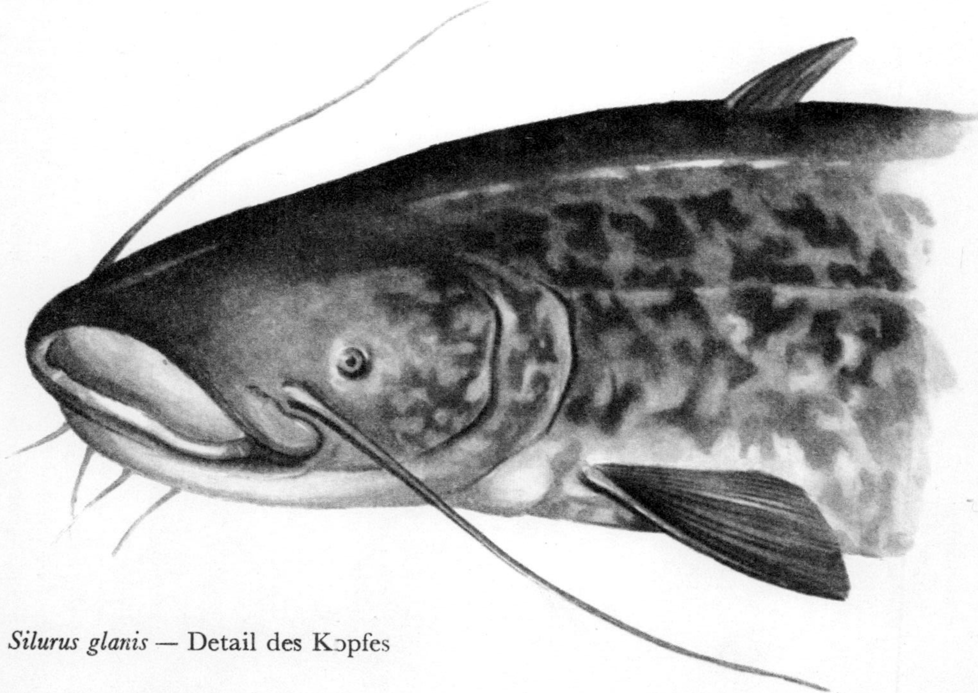

Silurus glanis — Detail des Kopfes

Der Zwergwels

Ictalurus nebulosus

Zwergwelse

Ictaluridae

Ende des vorigen Jahrhunderts wurden verschiedene amerikanische Fische versuchsweise in Europa ausgesetzt. Wirtschaftliche und sportliche Hoffnungen wurden auch mit dem Zwergwels verbunden. Er verbreitete sich rasch in der Elbe und Donau sowie in Mitteleuropa. In Paris entkam er aus den Aquarien und gelangte in die Seine und andere Gewässer Frankreichs.

Der Zwergwels hat einen schuppenlosen Körper mit starker, schleimiger Haut und am Kopf acht Bartfäden. Die Rückenflosse ist größer als die des Welses und trägt einen sägezahnartigen, harten Stachel. Zwischen Rücken- und Schwanzflosse hat der Zwergwels, ähnlich wie die Lachsfische, eine kleine strahlenlose Fettflosse. Seine Afterflosse ist viel kürzer als die des Welses. Der Körper ist dunkel goldbraun getönt. Der Zwergwels wird kaum 0,5 kg schwer, in seiner Heimat erreicht er jedoch ein Gewicht von mehr als 1 kg. Er wird auch nicht sehr alt – in den europäischen Gewässern gewöhnlich bis 5 Jahre. Er pflanzt sich im Juni fort; der Rogner legt mehrere tausend gelbliche Eier, die der Milchner bewacht (Brutpflege). Auf die Nahrungssuche zieht der Zwergwels hauptsächlich in den Abendstunden und in der Nacht, seine Nahrung findet er im weichen Grund.

Angler, die tierische Köder verwenden, lieben den Zwergwels nicht, weil er den Köder samt dem Haken bis in den Magen schluckt, bevor noch ein anderer Fisch dazu kommt. Die Lösung des Hakens bereitet große Schwierigkeiten. Außerdem klagen die Angler über die scharfen stachelartigen Strahlen in den Brustflossen und in der Rückenflosse, die an der Wurzel Giftdrüsen haben und zu nur langsam heilenden Verletzungen führen können. Das orangegelbliche Fleisch des Zwergwelses ist ziemlich fett, aber sehr schmackhaft. Vor der Zubereitung wird der Fisch gehäutet.

Ictalurus nebulosus

Der Aal

Aale

Anguilla anguilla

Anguillidae

Der Aal zeichnet sich durch den langgestreckten, schlangenartigen Körper aus, der von einer starken Haut mit tief eingesetzten elliptischen Schuppen bedeckt ist. Die obere Körperhälfte ist gewöhnlich dunkel bis schwarz gefärbt, der Bauch gelblichweiß. Interessant ist der Aal vor allem deshalb, weil er aus den europäischen und nordafrikanischen Flüssen in die westlichen Teile des Atlantischen Ozeans zieht, wo er in großen Tiefen laicht und dann offenbar abstirbt. Die geschlüpften Larven, die als Aalmontée (Steigaal) bezeichnet werden, treten die lange, bis drei Jahre währende Wanderung durch den Ozean zurück zu den Küsten Europas an und steigen in den Flüssen auf. In den süßen Gewässern Europas können sie sich 10 bis 20 Jahre lang aufhalten und ein Gewicht von 1 bis 4 kg erreichen, um als erwachsene Fische neuerlich in den Ozean zu wandern, dort ihre Nachkommenschaft zu begründen und selbst zu sterben. Bei der Rückkehr der erwachsenen Fische ins Meer wird die gelbliche Färbung des Bauches silbrig.

Der Aal ist ein Nachtfisch. Am Tage lebt er in Verstecken, zum Beispiel in angeschwemmtem Gestrüpp zwischen Steinen, in den Löchern eines ausgewaschenen Ufers, und erst nach Einbruch der Dunkelheit zieht er auf Nahrungssuche. Er wächst verhältnismäßig langsam und in Abhängigkeit von dem Nährstoffgehalt des Gewässers. Er lebt von Bodennahrung, größere Stücke verschmähen auch größere Bissen nicht, wie beispielsweise einen Krebs. In kühleren Flüssen und Seen (in Irland und Skandinavien) wächst er noch langsamer und erreicht nicht die Größe der Fische aus den Gewässern des Kontinents. Bei der allmählichen Abkühlung des Wassers im Lauf des Jahres hört er gewöhnlich im Oktober auf, Nahrung aufzunehmen, und zieht an tiefere Stellen mit entsprechenden Verstecken, wo er überwintert.

Anguilla anguilla — aus der unteren Flußregion

Der Aal

Fortsetzung

Heute wird der Aal auf seinen Zügen in den Flüssen durch die zunehmende Verunreinigung der Gewässer und die Errichtung der verschiedensten Wasserbauwerke – Wehre und Talsperren – immer mehr bedroht. Man hat überdies angefangen, kleine Aale tief im Binnenland auszusetzen, und mancherorts wird sogar versucht, Aale in künstlichen Becken mit Zufütterung zu züchten.
Wenn man nahe einem gegliederten Grund angelt, wählt man besser einen toten Köderfisch, weil ein lebender leicht ins nächste Versteck schlüpft. Geangelt wird stets am Grund mit stärkerer Rute und stärkerer Schnur, und einem an die Angel gegangenen Fisch darf man niemals zu viel Bewegungsfreiheit lassen, weil sonst der Verlust des Hakens samt dem Fang droht. Ein Anbiß läßt sich nicht nur nach Einbruch der Dunkelheit, sondern an Stellen, wo der Aal vorkommt, auch im Lauf des Tages erwarten, insbesondere wenn das Wetter umschlägt, bei sinkendem Luftdruck, vor Gewittern u. ä. Beim Lösen des Hakens aus dem Maul des Aals ist darauf zu achten, daß man sich nicht verletzt, denn die Wunde kann sich leicht entzünden. Das Aalblut enthält nämlich ein Gift, das auf das Herz und das zentrale Nervensystem wirkt. Durch die Erhitzung bei der Zubereitung des Fisches verliert dieses Gift seine Wirksamkeit.

Sowohl unter den Sportfischern als auch auf dem Markt besteht für den Aal nicht überall gleiches Interesse, obwohl der Fang für den Angler mit Höchstmaß an spannenden und aufregenden Erlebnissen verbunden sein kann. In Mitteleuropa ist der Aal beliebt, während auf den britischen Inseln die Angler auf den Fang von Aalen nicht allzu großen Wert legen. Der Aal stellt mariniert, geräuchert oder in Öl konserviert, obwohl er ziemlich fett ist, eine begehrte Delikatesse dar.

Anguilla anguilla — aus einem Forellenfluß

Die Quappe — Schellfische

Lota lota — *Gadidae*

Die Quappe ist einer der wenigen Vertreter der Schellfische, die ihr ganzes Leben im Süßwasser zubringen. Sie hat einen breiten flachen Kopf, ein mit kleinen feinen Zähnen ausgestattetes breites Maul und einen langen Bartfaden am Kinn. Am Rücken findet man eine kurze und eine lange Flosse. Der Körper ist glatt, ja schlüpfrig und mit sehr feinen kreisförmigen Schuppen bedeckt. Die Oberfläche des zylindrischen und zum Schwanz hin sich verjüngenden Körpers ist braunschwarz gefleckt. An den Seiten befinden sich unregelmäßige, sattschwarze, braune, manchmal auch hellgelbe Flecke. Der Bauch ist hell.

Die Quappe lebt in kühlen Gewässern Nordeuropas, die reich mit Sauerstoff gesättigt sind, in Gesellschaft von Forellen, Groppen und Neunaugen ein verborgenes nächtliches Leben. Häufig wird sie für einen rücksichtslosen Raubfisch gehalten, der alles Lebendige gierig verschlingt. Dies gilt aber nur in Gewässern, die die Quappe gemeinsam mit der Forelle oder anderen Lachsfischen bewohnt, deren Brut und Eier sie frißt und mit denen sie in der Nahrungsaufnahme konkurriert. In ausgedehnten stehenden Gewässern, in Seen und in Staubecken, nährt sie sich von kleinem Fischunkraut. Im Darminhalt von Quappen aus großen Binnengewässern wurden die verschiedensten minderwertigen Fischarten gefunden: kleine Barsche, Kaulbarsche, Stichlinge, Plötzen und Bleie. Gewöhnlich erreicht die Quappe ein Gewicht von etwa 2 kg und eine Länge von 50 bis 70 cm. In Forellenflüssen wird sie meistens 0,5 kg schwer; in den kühleren Gebieten des Nordens gedeiht sie am besten und erreicht hier ein Gewicht bis 20 kg. Interessant ist, daß sie zu einer Zeit am aktivsten ist, wenn die anderen Süßwasserfische bereits in ihrer Aktivität nachlassen, das heißt bei Sinken der Temperatur des Milieus unter 7 °C. Die Quappe pflanzt sich

Lota lota

Die Quappe

Fortsetzung

Ende Dezember oder Anfang Januar fort, wenn der Rogner einige hunderttausend Eier ausstößt (die größten bis 5 000 000 Stück); die Eier sind kleiner als ein Stecknadelkopf.

In der nördlichen Hälfte Europas wird die Quappe mit Vorliebe durch ins Eis gehackte Löcher gefangen. Im fließenden Wasser kann man sie auch an warmen Sommertagen fangen, vor allem bei unvorhergesehenen Temperaturschwankungen, Änderungen des Luftdrucks, vor einem Gewitter, in durch Regen getrübtem Wasser. In mondfinsteren Nächten empfiehlt es sich, ein Feuer anzumachen, dessen Schein diese Fische nach der Ansicht der sibirischen Angler anlockt. Am regsten suchen die Quappen Nahrung, wenn sich die Laichzeit nähert, und deshalb sind November und Dezember als die besten Angelmonate anzusehen. Gegen Abend verlohnt es sich, die Angel in der Nähe der am Tag benutzten Verstecke (eingefallenes Wehr, Gruppen großer Steinblöcke), in den Nachtstunden auch an seichten Stellen auszuwerfen. Der Köder muß auf dem Grund liegen oder unmittelbar über dem Grund schweben. Tief im Schlund der Quappe verschwinden auch ein größerer lebender oder toter Köderfisch, ein Bündel großer Regenwürmer, auch ein Krebsschwanz. Beim Drill setzt sie sich gar nicht sehr zur Wehr. Wenn sie den Köder geschluckt hat, bleibt sie an der Stelle liegen und schwimmt erst nach einem Weilchen langsam fort. An der Oberfläche überschlägt sie sich mehrfach; in der Nacht verrät sie sich durch ein charakteristisches Plantschen. Zum abendlichen Angeln ist ein Leuchtfloß zu verwenden; bei Nacht ist es besser, an der Rutenspitze ein Glöckchen anzubringen.

Das Fleisch der Quappe ist ziemlich trocken, aber von ausgezeichnetem Geschmack. Als Leckerbissen wird die Leber angesehen, die viel zarter als Dorschleber ist.

Lota lota —
Detail des Kopfes eines großen Seeexemplars

Der Forellenbarsch Sonnenbarsche

Micropterus salmoides *Centrarchidae*

Der Forellenbarsch wurde vor nahezu hundert Jahren nach Deutschland gebracht, hat jedoch die Erwartungen der europäischen Sportfischer nicht erfüllt. In seiner Heimat – in Mittelamerika – ist er ein geschätzter Sportfisch, der in zahlreichen Seen und Flüssen vorkommt. Sein Körper ist braungrün; das breit gespaltene Maul mit dem den Oberkiefer überragenden Unterkiefer zeugt von seiner räuberischen Ernährungsweise. Er gedeiht in durchwärmten Stauseen mit reinem Wasser und genügenden Mengen an Wasserpflanzen.

Der Forellenbarsch laicht im Mai bis Juni, und zwar legt der Rogner in vorbereitete und gereinigte Laichmulden etwa 10 000 Eier ab. Der Milchner übt Brutpflege aus. Seine Nahrung sucht der Forellenbarsch am Grund, die größten Exemplare unternehmen Beutezüge in Schwärme kleinerer Fische, besonders in den Abendstunden, aber auch zeitig morgens, und kommen auf der Beutejagd auch bis an die Oberfläche. Tagsüber halten sich die Forellenbarsche an tieferen Stellen auf. In seiner Heimat erreicht er ein Gewicht von mehr als 5 kg, in Europa von nur 0,5 kg.

Der Forellenbarsch ist ein ausgezeichneter Angelfisch, dessen Kampfgeist sich mit dem der Lachsfische und Maränen vergleichen läßt. Er wird mit Metallblinkern, Köderfischen aus Kunststoff, kleinen Wobblern, künstlichen Regenwürmern, Froschimitationen, Fliegenblinkern oder auch Würmern in Kloßköderung, einem kleinen lebenden Köderfisch, einem durchs Wasser geführten toten Köderfisch oder einer Kaulquappe gefangen. Nach dem Anhieb setzt er sich ungestüm zur Wehr, springt hoch aus dem Wasser und bemüht sich, den Blinker oder sonstigen Köder loszuwerden. Das Fleisch des Forellenbarsches ist sehr schmackhaft, von den Anglern wird es mit Vorliebe gleich am Wasser als „Pfannengericht“ zubereitet.

Micropterus salmoides

Der Sonnenbarsch

Sonnenbarsche

Lepomis gibbosus

Centrarchidae

Dieser Fisch ist im Nordosten der USA beheimatet. Mit dem Versand von Karpfenbrut hat sich auch der Sonnenbarsch verbreitet, so daß er nun stellenweise ein zahlreich vorkommender, aber wenig willkommener kleiner Fisch ist. Der flache Körper ist kurz und hoch und mit verstreuten dunklen Flecken bedeckt, die auch auf die Flossen übergehen. Die Regenbogenhaut des Auges ist rot, und auf der Kiemendeckelhaut befindet sich ein scharlachroter Fleck. Zu Beginn betreut er seine eigene Nachkommenschaft auf tellerartigen, vom Milchner bewachten Nestern.

Er wird mit einem kleinen Haken mittels Stippangelns mit 0,10 bis 0,15 mm starker Schnur und einem tierischen Köder gefangen. Ein guter Wirtschaftler stellt ihm in seinem Wasser nach und bemüht sich, sein Vorkommen in jeder Hinsicht einzuschränken.

Der Dreistachlige Stichling

Stichlinge

Gasterosteus aculeatus

Gasterosteidae

Dieser Fisch zeichnet sich durch das Vorhandensein von drei Stacheln vor der Rückenflosse aus. Das Maul ist deutlich oberständig. Er wird 5 bis 8 cm lang und bis drei Jahre alt. Früher war der Dreistachlige Stichling nur an der Nordküste Europas verbreitet, heute findet man ihn zum Beispiel auch in Mitteleuropa. Mit Vorliebe wird er in Aquarien gehalten.

In der Laichzeit ist das Männchen am Bauch rot und am Rücken olivgrün. Zwischen Wasserpflanzen baut es ein kugeliges Nest, in dem es dann die Eier bewacht. Der Rogner legt 60 bis 400 Eier ab. Dem kleinen Fisch kommt weder wirtschaftliche noch sportliche Bedeutung zu.

Lepomis gibbosus (oben), *Gasterosteus aculeatus* (unten)

Der Zander Barsche

Stizostedion lucioperca *Percidae*

Von der Familie der Barsche besitzt der Zander die größte wirtschaftliche Bedeutung. In der späten Eiszeit gelangte er vom Osten bis in die Flüsse Mitteleuropas, wobei die Elbe die westliche Grenze seines Verbreitungsgebietes bildet. Ende des 18. Jahrhunderts begann man ihn mit Erfolg in künstliche Gewässer umzusetzen, zum Beispiel in die Fischteiche der Tschechoslowakei. Gut kommt er auch in Stauseen fort. Er hat einen langgestreckten Körper und einen Kopf, dessen bezahnte Kiefer bis hinter das Auge reichen. Ein typisches Merkmal besteht in den großen „Hundezähnen" im Vorderteil des Mauls. An den Seiten hat der Zander dunkle Querstreifen, seine Augen haben einen eigenartigen glasartigen, ja opalisierenden Glanz. In der Laichzeit sind die Männchen am Bauch dunkel marmoriert.

Der Zander nährt sich auf Raubfischweise; meistens verzehrt er Kaulbarsche und Barsche, aber auch andere Fischarten. Auf die Nahrungssuche zieht er in Gruppen, kleinere Exemplare bewegen sich in Schwärmen. In den Frühjahrsmonaten legt der Rogner je nach seiner Größe bei einer Temperatur von 10 bis 12 °C auf sandigem Grund 10 000 bis 500 000 Eier in vorbereitete Stellen ab. Die Nester werden mehrere Tage lang vom Männchen sorgfältig bewacht. Manchmal laichen die Fische in geringer Tiefe, manchmal auch in einer Tiefe von mehreren Metern. Im ersten Lebensjahr erreicht der Zander durchschnittlich eine Länge von 10–15 cm, im achten eine Länge auch von 70 cm. Die älteren Fische nehmen mehr zu als die jüngeren, die Weibchen wachsen schneller als die Männchen, und die Wanderfische wachsen schneller als die standorttreuen. Größte Zander erreichen ein Gewicht von 10 bis 15 kg. Er verträgt auch relativ salziges Wasser, zum Beispiel an der Ostseeküste.

Der Zander bietet dem Sportfischer interessante Erleb-

Stizostedion lucioperca

Der Zander

Fortsetzung

nisse, und sein Fang erfreut sich immer größerer Beliebtheit. Die günstigste Fangzeit ist die ganze zweite Jahreshälfte. Am häufigsten ist nach der Laichzeit und im Herbst mit Erfolg zu rechnen. In der warmen Jahreszeit wählt man am besten die Abendstunden und den Beginn der Nacht zum Angeln, im Herbst kann man den ganzen Tag über mit einem Anbiß rechnen, vor allem bei Änderungen des Luftdrucks. Als Köder kommen Teigstückchen oder ein geschleppter lebender oder toter Köderfisch in Betracht. An Stellen mit gefährlichen Hindernissen am Grund wählt man als lebenden Köder am Grund einen Ukelei, der ständig versucht, an die Oberfläche zu kommen, einen toten Kaulbarsch oder Barsch, in den man einen kleinen Kork oder Schwimmer einschiebt, damit er über dem Boden schwebt. Schnur genügt in 0,30 bis 0,35 mm Stärke, der Haken oder Doppelhaken wird direkt an die Schnur gebunden. Beim Angeln an der Wasseroberfläche und am Ufer fügt man hinter dem lebenden Köder ein Drahtvorfach ein, weil die Gefahr besteht, daß die Angel von einem Hecht durchgebissen wird. Beim Angeln in Grundnähe beläßt man einen großen Durchhang und abgeklappten Rollenbogen, damit der Fisch nach dem Anbiß völlige Freiheit hat; wenn er nämlich Widerstand spürt, läßt er den Köder fahren. Der Anschlag erfolgt gewöhnlich beim zweiten Wegschwimmen, wenn mit einem Köderfisch geangelt wird, auch früher. Zum Angeln mit Blinker eignen sich am besten kleine Mepps-Blinker. Wenn man einen Zander ins Wasser zurückversetzen will, behandelt man ihn sehr zart, denn er ist leicht anfällig für Schimmelpilze.

Das Fleisch des Zanders ist hervorragend. Im Hinblick auf seinen geringen Fettgehalt – 0,2 bis 0,6 % – kann es als Diätkost verwendet werden. Das Zanderfleisch läßt sich auf verschiedenste Art zubereiten.

Stizostedion lucioperca — Detail des Kopfes

Der Östliche oder **Wolga-Zander** Barsche
Stizostedion volgensis *Percidae*

Der Wolga-Zander wird nicht so groß wie der Zander und hat auch nur halb so viele Querstreifen am Körper. Der Zander hat 8 bis 12, der Wolga-Zander 5 bis 7. Die Maulspalte reicht nur bis zur Augenmitte. Der Körper ist gedrungener und mit größeren Schuppen bedeckt. Der Wolga-Zander bewohnt die gleichen Gewässer wie der Zander, hält sich jedoch im Fluß mitten in der Strömung, an den tiefsten Stellen, in alten Flußbetten u. ä. auf. Man findet ihn auch im Brackwasser in der Nähe der Einmündung eines Flusses ins Meer. Er unternimmt längere Züge stromaufwärts in höher gelegene Flußabschnitte, zum Beispiel im Stromsystem des Schwarzen Meeres.

Die größten Exemplare des Wolga-Zanders erreichen gewöhnlich im dritten bis fünften Lebensjahr eine Länge von 40 cm und ein Gewicht von ungefähr 1 kg. Meist stößt man auf Exemplare, die länger als 30 cm sind und mehr als 350 g wiegen. Die größeren Fische ernähren sich durch Raubzüge; sie fallen in Schwärme von Jungfischen ein, fressen kleine Barsche und Kaulbarsche. Kleinere Exemplare begnügen sich auch mit anhaftenden Organismen.

Das Angeln des Wolga-Zanders ähnelt im großen und ganzen dem des Zanders, ein Unterschied besteht wohl nur in den Größen der verwendeten Köder. Weniger beschlagene Angler unterscheiden den Wolga-Zander nur schwer vom Zander und verwechseln beide meistens. Bei kühlerem Herbstwetter ist der Fang gewöhnlich erfolgreicher, weil der Wolga-Zander dann eifrig Nahrung sucht. Örtlich hat er auch wirtschaftliche Bedeutung, für die Sportfischer allerdings nur geringe.

Das Fleisch des Wolga-Zanders ist ebenso schmackhaft und gut wie das des Zanders.

Stizostedion volgensis

Der Flußbarsch

Perca fluviatilis

Barsche

Percidae

Der Flußbarsch gehört seiner Färbung nach zu den schönsten Süßwasserfischen. Er bewohnt die unteren Flußabschnitte, die Barben- und Bleiregion, Seen und Staubecken. In Europa findet man ihn fast überall, auch in Ländern, wo er früher nicht vorkam, zum Beispiel in Schottland. Er hat eine geteilte Rückenflosse, deren erster, größerer Teil durch scharfe Stachelstrahlen gestützt wird. Die Bauchflossen, die After- und die Schwanzflosse sind orangefarben mit bis blutroten Rändern. Am Rücken ist der hochgewölbte Körper meistens dunkelblaugrün. Vom Rücken gehen 5 bis 9 dunkle Streifen aus, die bis in das hellere untere Körperdrittel reichen. Harte Kammschuppen (Ctenoidschuppen) verursachen die rauhe Körperoberfläche. Diese Rauhigkeit wird durch die kleinen Dorne am äußeren Schuppenrand bewirkt. Die Kiemenknochen sind mit einem scharfen Dorn versehen, vor dem man sich beim Lösen eines Hakens aus dem Maul des Barsches in acht nehmen muß.

Die Barsche halten sich in Schwärmen am Grund in der Nähe von Gestrüpp, Steingruppen u. ä. auf. In Schwärmen verfolgen sie auch ihre Beute. Der Flußbarsch pflanzt sich im April oder Mai fort, wobei der Rogner in langen netzartigen Gallertschnüren 15 000 bis 20 000 Eier ablegt. Kannibalismus ist allgemein. Schon ein Jahr alte Flußbarsche fressen ihre eigene Brut. Bis zur Größe von etwa 15 cm nähren sie sich meist von wirbellosen Organismen, dann gehen sie zur Ernährungsweise der Raubfische über. Das Wachstum der Flußbarsche richtet sich nach deren Zahl und den Ernährungsmöglichkeiten im Stausee oder Fluß. Ein 15jähriger Flußbarsch kann ein Gewicht von 1,5 kg erreichen; es sind Fälle langsameren oder auch schnelleren Wachstums bekannt (in der UdSSR und in Finnland auch Gewichte bis zu 4 kg). Die Barsche können sich überstark

Perca fluviatilis

Der Flußbarsch
Fortsetzung

vermehren und mit anderen Fischarten in der Ernährung konkurrieren. An der Küste großer Gewässer wurden langsam wachsende Populationen und in der Freiwasserregion schnell wachsende Populationen festgestellt. Die Fischwirtschaftler führen gegen diesen Fisch einen hartnäckigen Kampf. In Irland, Schweden und Schottland gibt es Forellenseen, in denen die Barschpopulation vernichtet werden mußte, um den Seen den ursprünglichen Charakter wiederzugeben.

Größere Barsche stellen einen beliebten und gesuchten Sportfisch dar. Sie können das ganze Jahr hindurch gefangen werden. Den Köder nehmen sie gern auch zur Laichzeit. Man benutzt zu ihrem Fang eine leichte elastische Rute mit Rolle und dünnerer Schnur, ein kleineres Floß und wählt dementsprechend auch die Beschwerung. Der Köder soll etwa 15 cm über dem Grund angeboten werden; bewährt haben sich kleine bewegliche Dungwürmer, an Sommertagen auch eine Heuschrecke. Der Haken muß nicht ganz im Köder verborgen sein, doch muß sich der Köder bewegen. Der Fang wird gewöhnlich von zwei oder drei weiteren Barschen an die Oberfläche begleitet.

Zum normalen Fang werden von künstlichen Ködern Löffelspinner verwendet. Der Flußbarsch liebt die rote Farbe, kann aber auch gut mit einem goldenen und schwarzen Spinner mit Punkten oder Streifen, mit roten Perlen oder roter Befiederung gefangen werden.

In den nördlichen Ländern ist der Barschfang unter dem Eis weit verbreitet. An verschiedenen Stellen werden Löcher im Eis vorbereitet. Das Resultat ist gewöhnlich ergiebig.

Das Fleisch des Flußbarsches enthält wenig Gräten, es ist etwas trocken; gebraten und mit Knoblauch gewürzt, bildet es auch für Feinschmecker eine Delikatesse.

Perca fluviatilis — Detail des Kopfes

Der Zingel
Barsche

Zingel zingel
Percidae

Der Zingel bewohnt die Donau und manche ihrer größeren Nebenflüsse. Er hat einen stark abgeflachten Kopf, und in der Körperform erinnert er an den Zander; er ist schmal und lang mit stark verengtem Schwanzstiel. Am gelbbraunen Körper sind dunkle Flecken und 4 bis 5 breite dunkle Querstreifen verteilt. Die After- und die hintere Rückenflosse sitzen beinahe einander gegenüber; die Afterflosse ist etwas kürzer. In der Regel erreicht der Zingel eine Länge von 40 cm und ein Gewicht von 0,30 kg. Er pflanzt sich im Frühjahr auf Kiesgrund in der Strömung fort. Da er sich an tieferen Stellen aufhält, gelingt es nur manchmal, ihn zu fangen. Seine Nahrung findet er am Grund des Gewässers, aber er verschmäht auch Fischbrut nicht.

Der Streber
Barsche

Zingel streber
Percidae

Der Streber ist dem Zingel sehr ähnlich, jedoch kleiner als dieser und hat einen schlankeren Körper; dies gilt vor allem für den hinteren Teil des Körpers. Auch er bewohnt die Donau und manche ihrer Nebenflüsse. Rege wird er nach Einbruch der Dunkelheit und hauptsächlich in der Nacht, wenn er sich auf Nahrungssuche begibt. In dieser Zeit gelingt es am häufigsten, ihn zu fangen, und zwar gewöhnlich bei der Jagd auf andere Fische. Der Streber hält sich ausschließlich in Grundnähe in relativ starker und tiefer Strömung auf, wo er sich auch fortpflanzt.

Zingel und Streber haben eine verkümmerte Schwimmblase und bewegen sich am Grund durch charakteristisches Hin- und Herschießen. Das Fleisch beider Fische kann im Geschmack als durchschnittlich bezeichnet werden.

Zingel zingel

Zingel streber

Der Kaulbarsch

Barsche

Acerina cernua

Percidae

Der Kaulbarsch ist der kleinste Vertreter der Familie der Barsche (Percidae). Er hat einen schlüpfrigen Körper von braungrüner Färbung mit vielen dunklen, in Längsstreifen angeordneten Flecken. Die gefleckte Rückenflosse ist in der längeren vorderen Hälfte mit scharfen Strahlen versehen. Scharfe Dorne findet man auch an den Kiemendeckeln.

Der Kaulbarsch bewohnt stehende oder langsam fließende Gewässer. Außer in Irland und Schottland findet man ihn fast in ganz Nord- und Mitteleuropa. Er bevorzugt tiefere Stellen mit Sand- und Kiesanschwemmungen. Er laicht im Frühjahr (nach dem Barsch). In der Nahrung konkurriert er mit Fischen, die sich von Benthos nähren, zum Beispiel mit dem Karpfen, dem Blei und Aal. Bei gleicher Gewichtszunahme frißt er siebenmal soviel wie der Blei. Er wächst sehr langsam und wird kaum sechs Jahre alt. Er erreicht eine Länge von 10 bis 15 cm, in großen Flüssen kann er bis 30 cm lang werden.

Der Kaulbarsch wird nach Einbruch der Dunkelheit aktiv. Dann verläßt er die Tiefen und schwimmt an seichte Stellen. Er bewegt sich in Schwärmen, und der Fang eines Fisches verscheucht die anderen nicht. Im Winter zieht er sich in tiefere Gruben zurück, wo er auch von der zugefrorenen Wasseroberfläche aus gefangen werden kann. Zum Angeln werden größere Haken mit längerem Schenkel und kleine Köder verwendet, wie die beweglichen Dungwürmer, die nur an der Hakenspitze befestigt werden. Der lebende Köder fesselt binnen kurzem die Aufmerksamkeit des Kaulbarsches, der den Köder samt dem Haken gierig verschluckt. Der Kaulbarsch wird hauptsächlich zur Verwendung als Köderfisch gefangen, zum Beispiel für den Zanderfang. Er hat schmackhaftes Fleisch, obwohl er klein ist; Kaulbarschsuppe wird als hervorragend bezeichnet.

Acerina cernua

Der Schrätzer

Barsche

Acerina schraetser

Percidae

Im Flußsystem der Donau und hauptsächlich in diesem Fluß selbst lebt ein Verwandter des Kaulbarsches – der Schrätzer. Zum Unterschied von diesem hat der Schrätzer einen langgestreckten Körper mit spitzerem Kopf. An den gelblichen Körperseiten hat er zwei bis drei Längsstreifen, durch die er sich vom Kaulbarsch deutlich unterscheidet. Mit Vorliebe hält er sich an tiefen Stellen auf Sand- und Kiesgrund auf.

Der Schrätzer wird nicht sehr groß, er erreicht eine Länge von 20 cm und ein Gewicht von 50 g. Die Fortpflanzung besorgt er im Frühjahr auf Kiesgrund, wobei der Rogner mehrere tausend kleine Eier ablegt. Seine Hauptnahrung bilden verschiedene Insektenlarven und allgemein Benthalorganismen. In der Laichzeit anderer Fischarten läßt sich nicht ausschließen, daß er deren Eier und Brut frißt.

Der Schrätzer wird nirgends in größeren Mengen gefangen und besitzt daher keine wirtschaftliche Bedeutung. An die Angel geht er nur gelegentlich. Um ihn zu fangen, werden die gleichen Methoden angewandt wie beim Kaulbarsch. Ebenso wie dieser gibt er einen guten Köderfisch für den Zanderfang ab.

Acerina schraetser

Buntflossenkoppe

Groppen

Cottus poecilopus

Cottidae

Von der vorstehend beschriebenen Art unterscheidet sich dieser Fisch durch die noch größere Breite des ohnedies großen Mauls, die stärkere Abflachung des Kopfes und vor allem durch die regelmäßigen Streifen der Bauchflossen. Er bewohnt die Zuflüsse der Ostsee, das Stromsystem der Donau und die Flüsse nach Osten bis zum Amur. In den Flüssen vermag die Buntflossenkoppe höher hinaufzusteigen als die Forelle. Im übrigen entsprechen die biologischen Daten ziemlich genau der zuletzt beschriebenen Art. Manchmal leben beide Arten gemeinsam. Die Buntflossenkoppe ist gleichfalls ein brauchbarer Köderfisch für den Forellenfang.

Die West-Groppe

Groppen

Cottus gobio

Cottidae

Die West-Groppe hat ein sehr breites feinbezahntes Maul. An den Kopfseiten hat sie eine Art Knochenpanzer und an den Kiemenknochen einen scharfen Dorn. In der Färbung paßt sie sich dem Lebensraum an. Man findet sie in der Forellenregion der Flüsse Mittel- und Osteuropas. Sie bewegt sich durch eigenartige ruckartige Sprünge. Im Frühjahr klebt der Rogner abseits von der Hauptströmung an die Unterseite von Steinen mehrere hundert größere orangegelbe Eier. Nach neuesten Angaben stellen weder die West-Groppe noch die Buntflossenkoppe für die Forellen Nahrungskonkurrenten dar, sondern werden vielmehr selbst gelegentlich von größeren Forellen verzehrt. Gewöhnlich erreicht die West-Groppe eine Länge von 10 cm und ein Alter von drei bis fünf Jahren. Als durchs Wasser gezogener toter Köderfisch ist sie ein vorzüglicher Köder zum Fang großer Forellen und wird auch künstlich nachgebildet.

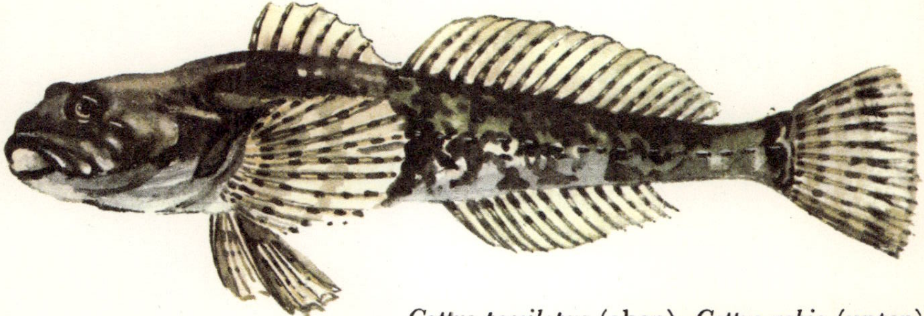

Cottus poecilopus (oben), *Cottus gobio* (unten)

Die Nahrung der Fische

Auf den beiden folgenden Tabellen sind typische Vertreter der lebenden Organismen dargestellt, die einen Bestandteil der Fischnahrung bilden.

Die Nahrung der Brut aller Fische, der kleinen Fische und der Fische, die die Nahrung mit Hilfe ihres Kiemenapparates filtern, enthält von den Vertretern des Planktons Wasserflöhe *(Daphnia)* (1) und Hüpferlinge (2), die hauptsächlich in langsamfließenden oder stehenden Gewässern leben und nur wenige Millimeter groß werden.

Am Grund verschlammter Gewässer leben Bachröhrenwürmer *(Tubificidae)* (3) mit gegliedertem Körper in so großer Zahl, daß sie stellenweise ganze rote Teppiche bilden. Man findet sie auch in stärker verunreinigten Gewässern. Größere Fische (Karpfen, Schleie, Barbe) fressen auch kleine Weichtiere – Schlammschnecken (4), die eine Größe von mehreren Zentimetern erreichen. Sie suchen sich kleinere Schlammschnecken aus, deren Gehäuse sie mit den Schlundzähnen oder mit dem muskulösen Magen zerkleinern können. Die Angler sehen größere Mengen von Schlammschnecken im Wasser nicht gern, weil sie den am Grund vorbereiteten Köder anfressen.

In schnellfließenden Gewässern und in den Quellabschnitten kommt der Flohkrebs vor, (5) die Lieblingsnahrung der Lachse und Maränen.

In stehenden schlammigen Gewässern findet man die Wasserassel (6), die von den Fischen gleichfalls häufig gefressen wird.

In Gebirgswassern findet man die Larven der Uferfliege. Die Uferfliegen sind ihr ganzes Leben lang auf das Wasser angewiesen, wo sie ihre komplizierte Entwicklung absolvieren. Ihre Larven (1) halten sich an der Unterseite von Steinen oder zwischen Wasserpflanzen auf (sie sind weniger be-

Fischnahrung

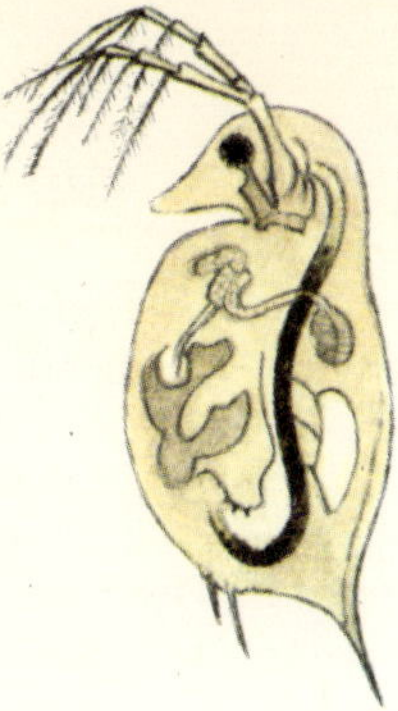

1

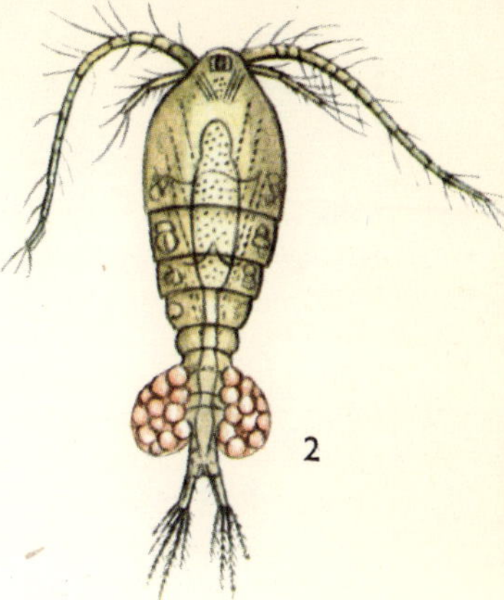

2

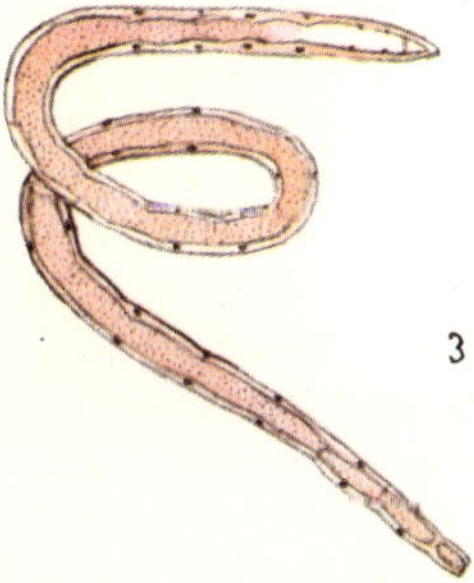

3

4

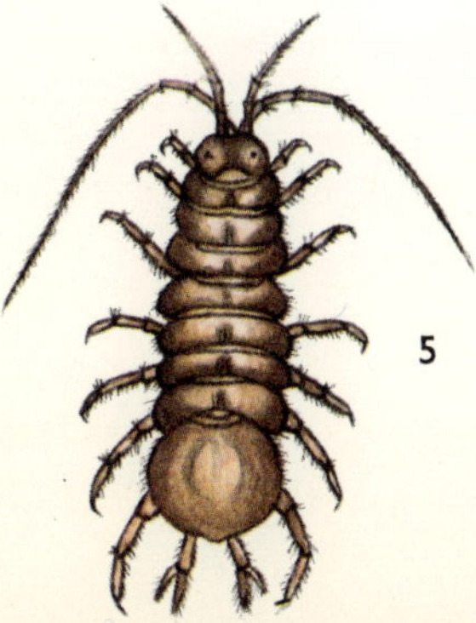

5

6

Die Nahrung der Fische
Fortsetzung

weglich als die Larven der Eintagsfliegen). Nach beendetem Wachstum kriechen sie ans Ufer und verwandeln sich in das ausgewachsene Insekt (2). Die Eier legen sie direkt auf die Wasserfläche oder darunter.

Die Eintagsfliegen sind Insekten mit ähnlicher Lebensweise. Außer Gebirgsgewässern bewohnen sie, manchmal sogar häufiger, Gewässer der Ebene. Am Körperende haben sie drei Borsten. Die Larven (3) sind raubgierig, sie leben unter Steinen verborgen, am Grund u. ä. Nach einer bestimmten Zeit verwandelt sich die Larve in die Nymphe, die Luft von der Oberfläche zu atmen vermag. Im Lauf des Wachstums häutet sie sich mehrmals und verwandelt sich schließlich in das erwachsene geflügelte Insekt (4). Die Uferfliege und die Eintagsfliege wurden in vielen Arten von künstlichen Fliegen nachgebildet. Eine häufige Nahrung der Fische, die sich meistens in Grundnähe aufhalten, sind die Larven der Zuckmücken (5), die sich gleichfalls im Wasser zum erwachsenen Insekt entwickeln. In stehenden schlammigen Gewässern werden sie vor allem vom Karpfen, Blei, Kaulbarsch und anderen Fischen gesucht.

Mit Vorliebe verwenden die Angler auch die Larven der Köcherfliege als Köder; die ausgewachsenen Köcherfliegen (6) erinnern an kleine Schmetterlinge. Ihre Larven (Köcher) (7) bauen Gehäuse aus Steinchen, Pflanzenstengeln, Hölzchen und bewegen sich mit den Gehäusen fort.

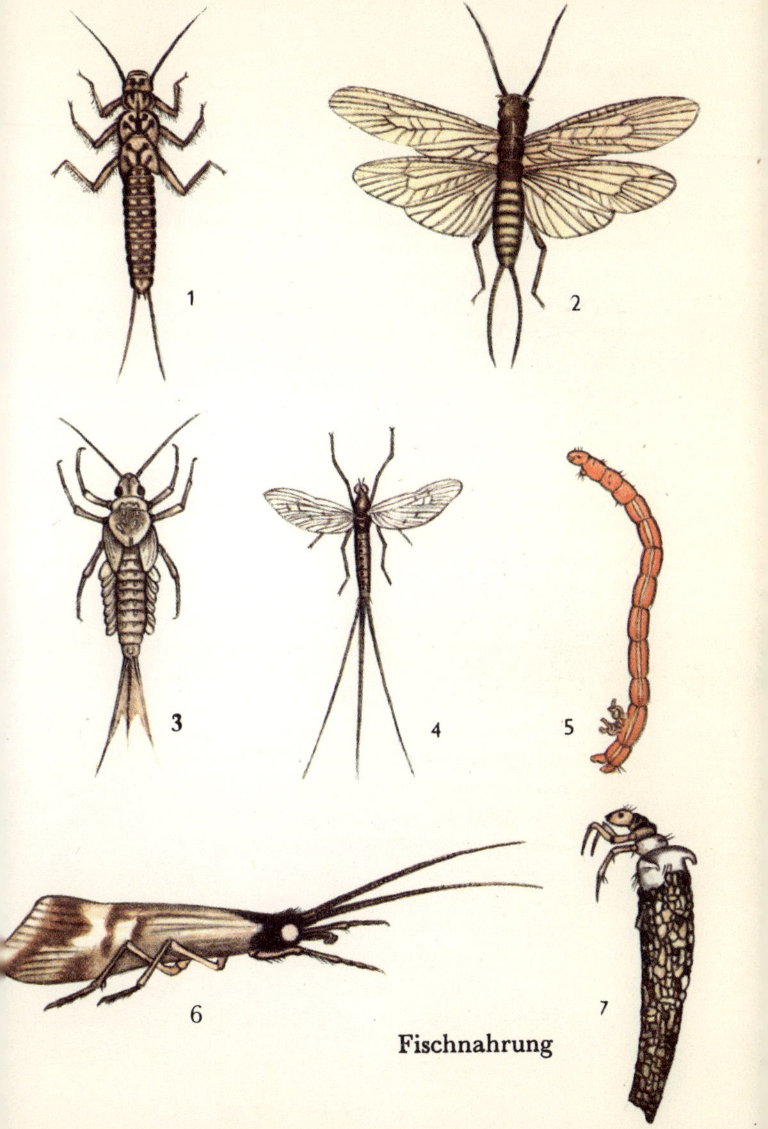

Fischnahrung

Die Fliegen

Die Entfaltung des Fliegenangelns hat zu Beginn des 20. Jahrhunderts eingesetzt. Die Engländer haben die Entwicklung der künstlichen Fliegen ständig beeinflußt, und deshalb werden die internationalen Bezeichnungen dieser Fliegen bis heute englisch angeführt. Der Aufschwung der Produktion ist untrennbar mit dem zunehmenden Interesse für den Fang der Lachsfische, wie Forellen, Lachse, Maränen, und erst später für andere Fischarten (Karpfen, Barsch usw.) verbunden.

Von den Anglern werden die künstlichen Fliegen meistens in zwei Gruppen eingeteilt, nämlich in Naß- und Trockenfliegen. Im ersten Fall handelt es sich um Nachahmungen verschiedener geflügelter Insekten, die vom Wasser auf der Oberfläche fortgetragen werden. Naßfliegen schwimmen zum Unterschied von Trockenfliegen in jeder beliebigen Tiefe und können daher auch künstlich beschwert werden. Sie bestehen aus weichen, entfetteten Federn, die das Wasser leicht aufsaugen. Durch das Naßwerden ändert sich ihre Form ständig. Trockenfliegen ändern die Form nicht und halten sich stets an der Wasseroberfläche. Deshalb werden sie an kleineren, leichteren Haken benutzt und können auch mit speziellem Fliegenöl gefettet werden. An reißenden Gewässern wird lediglich mit einer Trockenfliege geangelt, auf einer ruhigen Wasserfläche auch mit zwei. Von Naßfliegen werden häufig auch drei verwendet.

Die Mannigfaltigkeit des Insektenreiches mit seinen verschiedensten Arten hat auch die Schaffung der reichen Palette verschiedener Fliegen ausgelöst, die auf dem Markt angeboten werden. Manche davon sind auf der nebenstehenden Tafel abgebildet. Normalerweise kommt der Angler jedoch mit einigen Grundarten in verschiedenen Größen zurecht.

Fliegen

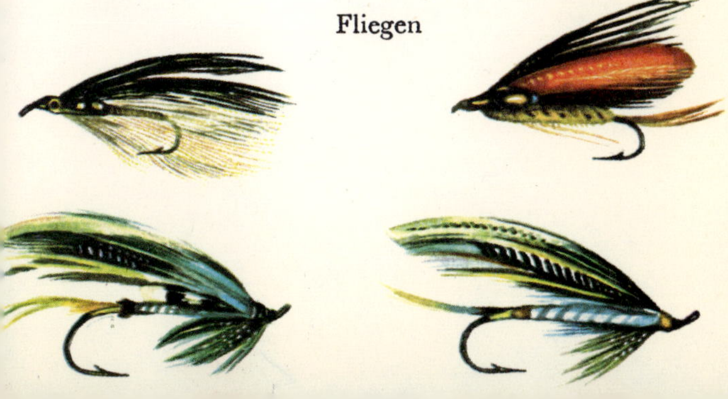

Künstliche Köder

Künstliche Köder sind Nachahmungen verschiedenster Wassertiere. Manche haben phantastische, originelle Formen; deshalb werden sie manchmal auch als Phantome bezeichnet. Die Fische nehmen sie unter der Wasserfläche oder auch von der Wasserfläche gern auf. Obwohl die künstlichen Köder in Form und Farbe unterschiedlich sind, ist ihr Erfolg verblüffend. Besonders beliebt sind sie für den Fang von Lachsen, Meerforellen und anderen Fischen sowohl des Süß- als auch des Salzwassers.

Laufend sind Nachbildungen der Nymphen verschiedener Insekten erhältlich. Beliebt sind auch große phantastische Fliegen, zum Beispiel kombiniert mit Propellern. Sie erfüllen die Aufgabe sowohl eines Blinkers als auch einer Fliege, und nicht nur Forellen, sondern auch der Barsch oder Hecht beißen auf sie an. Für alle Raubfische werden erfolgreich Kunststoffnachahmungen verschiedener kleiner Fische verwendet, z. B. ein Neunauge. Für den Fang von Forellenbarschen, Flußbarschen und Hechten bilden künstliche Regenwürmer, Mäuse, Frösche u. ä. hervorragende Köder.

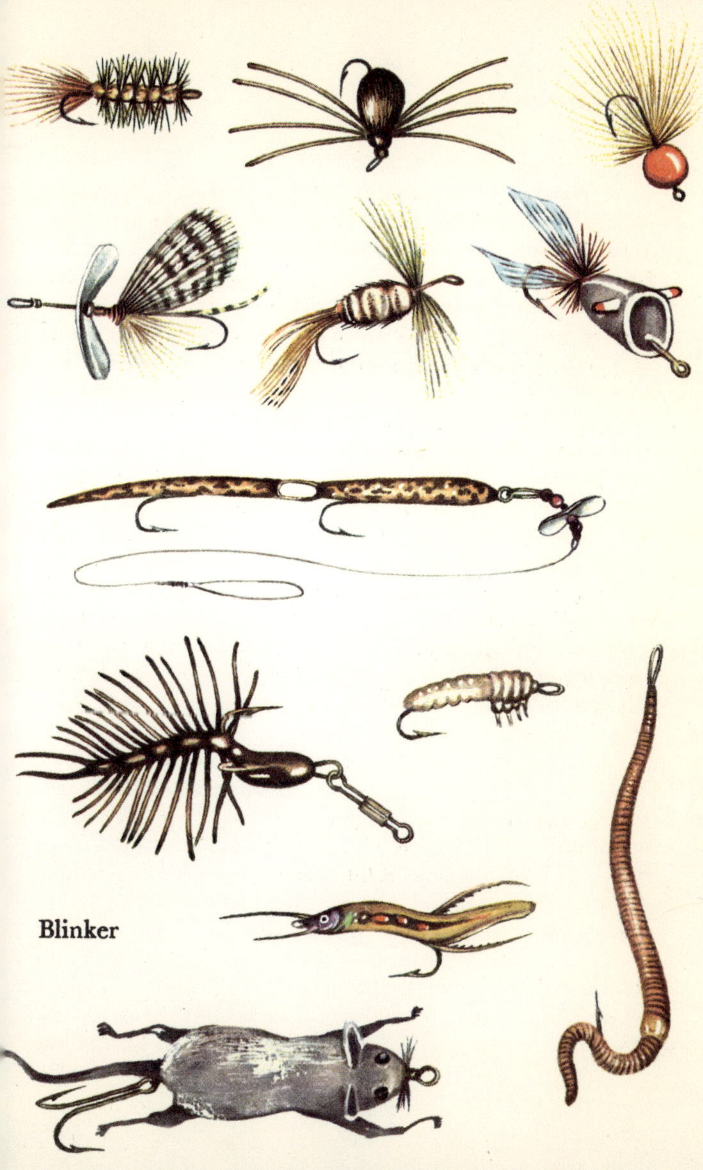
Blinker

Blinker

Die Blinker gehören zu den bekanntesten künstlichen Ködern für den Fischfang. Durch das Wasser gezogen, vollführen sie taumelnde, unregelmäßige, manchmal rotierende Bewegungen, die – durch unregelmäßiges Aufwinden der Schnur auf die Rollentrommel und pendelnde Bewegungen der Rutenspitze verstärkt – die Flucht eines verfolgten kleines Fisches vortäuschen. Blinker werden vorwiegend aus Metall erzeugt, und zwar in silberner oder goldener Farbe, und mit anders gefärbten oder beschlagenen Teilen versehen. Sie weisen die unterschiedlichsten Formen auf. Am häufigsten werden Löffelblinker, ovale Blinker und tropfenförmige Blinker verwendet. An der Oberfläche haben die Blinker verschiedenste Muster, Löcher, Einschnitte, eingepreßte Schuppenmuster sowie auch die Bezeichnung der Herstellerfirmen. Häufig werden sie mit farbigen Perlen, farbiger Befiederung oder Bijouterie kombiniert. An den Blinkerkörper sind fest oder an drehbaren Karabinern Drillinge befestigt.

Leichte Blinker bewähren sich vor allem in ruhigem Wasser, schwerere in schnellströmendem Wasser. Die Größe des Blinkers ist durch seinen Verwendungszweck gegeben. Für Forellen genügen in der Regel Blinker bis 5 cm Länge, zum Fang von Welsen, Hechten und Huchen werden Blinker gewählt, die größer als 8 bis 12 cm sind. Es kommt manchmal vor, daß ein kleiner Raubfisch einen unverhältnismäßig großen Blinker angeht, und umgekehrt; das hängt ganz davon ab, aus welcher Lage er den Blinker im Wasser erblickt.

Als allgemein benutzte und unter den Anglern bekannte Blinker können heute die Heintzblinker in Fischform angesehen werden. Gewöhnlich sind sie im Schwanzteil des Fischkörpers oder auch hinter dem Kopf mit einem Drilling versehen. Sie sind silber- oder goldfarben oder auch kombi-

Metallblinker

Blinker

Fortsetzung

niert. Löffelförmige Blinker oder die etwas ovalen „Nieren“ sind gewöhnlich in silberner, goldener bzw. kombinierter Farbe erhältlich. Erfolgreich sind sie auch mit metallisierter Oberfläche, mit eingepreßtem Schuppenmuster oder mit rubinrotem Auge.

Gesucht und beliebt sind ferner ovale Metallnachbildungen kleiner Fische, wie die gold- oder silberfarbenen Devons, die zum Forellen- und Äschenfang dienen. Ihren Körper durchzieht eine feine Achse, an der sich ein kleiner Propeller befindet, der den Körper in Drehung versetzt. Die Devons können allerdings nicht nur auch andere Farben haben, sondern auch aus anderen Werkstoffen hergestellt sein. Meistens sind sie mit einem Drilling versehen. Blinker haben die mannigfaltigsten Formen und sind in einer Vielzahl von Größen erhältlich.

Interessante Kombinationen von Formen und Größen findet man beispielsweise unter den Blinkern vom Typ Mepps und Weber. Auf dem Markt werden zahlreiche Blinker unterschiedlichster Art angeboten, deren Beschreibung ein ganzes Buch füllen würde.

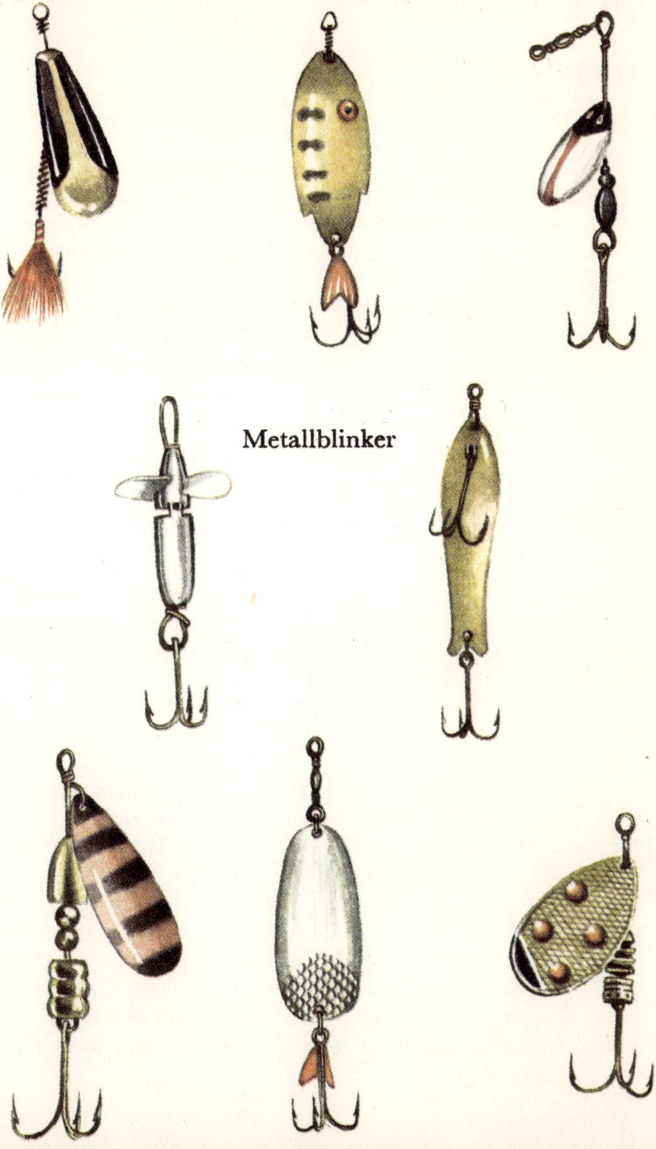

Metallblinker

Wobbler

In der zweiten Hälfte des vorigen Jahrhunderts kamen Holznachahmungen verschiedener Fische – die sog. Wobbler – aus den USA nach Europa. Sie genießen den Ruf hervorragender künstlicher Köder, die beim Fang verschiedenster Raubfische, wie Hecht, Barsch, Lachs und Maräne, Zander sowie Döbel, schöne Erfolge gewährleisten.

Auf die Wobbler lassen sich verschiedene Farben gut auftragen, sie werden in unterschiedlichen Größen und in Gewichten von 2 bis 30 g hergestellt. Gewöhnlich werden in erster Linie rotweiße Kombinationen empfohlen, obwohl man laufend auch schwarzgestreiften, verschiedenfarbig punktierten oder mit anderen Werkstoffen kombinierten begegnen kann. Häufig sind am Körper der Wobbler bunte Lederstückchen, Federn, kleine Bleche befestigt, oder sie sind mit Glasaugen versehen.

Hellere Wobbler bewähren sich in trüben Gewässern, dunklere in sauberem Wasser. Im Handel sind an der Wasserfläche schwimmende Wobbler erhältlich, bei deren Benutzung die Schnur langsam aufgewunden wird; bei plötzlichem Rucken mit der Rutenspitze tauchen sie für einen Augenblick teilweise oder auch ganz unter.

Einen anderen Typ stellen die halb untertauchenden Wobbler dar; sie tauchen beim Ziehen durchs Wasser höchstens 2 m tief unter, und zwar in direkter Abhängigkeit von der Geschwindigkeit, mit der die Schnur aufgewunden wird. Ihre vordere Fläche ist in der Regel abgeschrägt, und sie sind mit kleinen Blechstücken und mit Einschnitten versehen, die ihre taumelnde Bewegung verstärken. Zu den Tauchwobblern gehören jene, die nach dem Auffallen aufs Wasser auf den Grund zu sinken beginnen. Die Tiefe, in der der Köder geführt wird, wählt man selbst. Beim Tiefspinnen von einem Boot aus werden Wobbler mit schwerer

Wobbler

Wobbler

Fortsetzung

Metallippe im Körpervorderteil verwendet, die sie auf den Grund zieht.

Außer diesen Formen gibt es noch eine ganze Reihe weiterer Zwischentypen von Wobblern mit den verschiedensten Ergänzungsteilen.

Häufig sind zum Beispiel Wobbler mit einem Einschnitt am Kopfteil, die als „Darter“ bezeichnet werden. Die daran befestigten Flügel oder Propeller bewirken manchmal Klangeffekte; sie imitieren die Laute, die ein fliehender Fisch bei Verfolgung durch einen Raubfisch von sich gibt. Am Körper werden verschiedenartig Drillinge eingehängt. Beliebt sind ferner die schlanken Wobbler „Rapala“ in Form eines kleinen Fisches mit zwei Drillingen und mit Metallblättchen in Gestalt von Brustflossen.

Wobbler

Rollen

Eine Rolle wurde zum erstenmal vor 2000 Jahren in China benutzt, aber erst in unserem Jahrhundert ist sie zum unentbehrlichen Hilfsmittel des Anglers geworden. Heute kommt kein Angler mit nur einem Rollentyp bzw. mit nur einer Größe aus. An weitläufigen Gewässern und zum Fang schwerer Fische, die viele hundert Meter Angelschnur erfordern, werden Rollen größter Durchmesser verwendet. Zum Angeln an kleinen Gewässern und von kleineren Fischen wählt man kleinere Rollen.

Auf den Farbtafeln sind einige der üblichen Rollentypen dargestellt. Zu den mechanisch und der Form nach einfachsten Rollen gehören die Fliegenrollen (1,3,4), die allmählich aus den gewöhnlichen Rollen (2) weiterentwickelt wurden. Sie dienen als Behälter für die Fliegenschnur und sind in verschiedenen Größen sowie Ausführungsarten erhältlich. Allgemein gilt, daß die größten Fliegenrollen zum Fang von Lachsen und evtl. auch Meerforellen und anderen großen Fischen benutzt werden, die auf Fliegen gefangen werden. Zum Fang von Bachforellen und Äschen genügt eine kleinere Rolle, die jedoch stets ein Achslager haben muß. Damit die Fliegenrollen nicht zu schwer sind und auch die aufgewundene Schnur leicht trocknen kann, sind in den Trommelwänden häufig Löcher angebracht. Die Schnur verläßt die Rolle durch eine Öse (Schnurführer) aus hartem glattem Material. Alle modernen Fliegenrollen sind mit einem auf verschiedenen Prinzipien beruhenden Bremsmechanismus versehen. Bei den modernsten ist ein automatisches Aufwinden (Wiederaufholen) der abgewickelten Schnur möglich; die Trommel kann die normale (1, 4) oder auch eine waagerechte (3) Lage einnehmen. Vollautomatische Rollen (3) sind mit Aufwindetrommeln in verschiedenen Größen in

Verschiedene Rollen

1

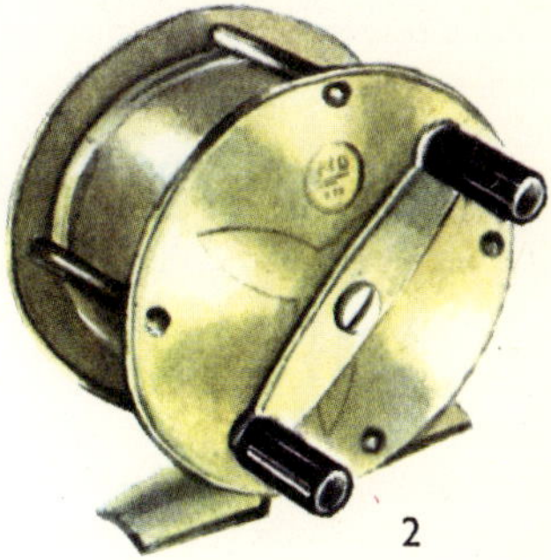

2

3

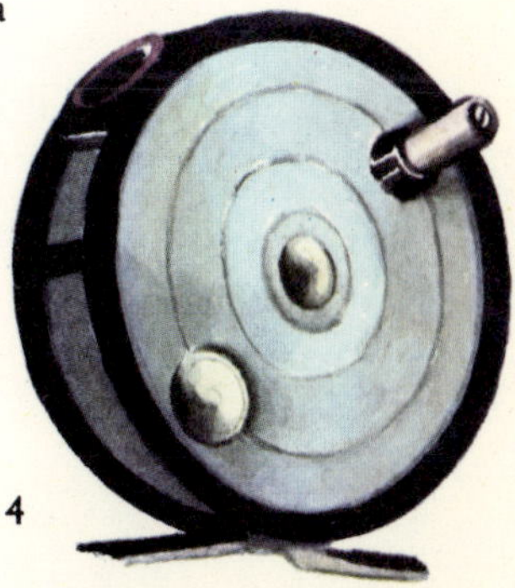

4

Rollen

Fortsetzung

Abhängigkeit von der Schnurstärke und der einstellbaren Bremse ausgerüstet (3a).

Um das Jahr 1905 wurden die ersten Wenderollen gefertigt, die sich so um die Rute drehen ließen, daß ihre Achse beim Wurf des Köders mit der Rutenachse übereinstimmt, damit die Schnur lose überfallen kann. Entwickelt wurde vor allem die Trommel, die weitgehende Abänderungen erfahren hat. Echte Wenderollen (5, 6) hatten bereits eine fest eingestellte Spule, und die Schnur wurde in regelmäßigen Windungen aufgewickelt. Sie werden in verschiedenen Größen hergestellt, und die Spule faßt unterschiedliche Schnurmengen. Auch für diese Rollen wurden leicht zu betätigende Schleifbremsen konstruiert, die auch den schwersten Fisch ermüden und überwältigen helfen. Die vervollkommneten Wurfrollen sind mit zentraler Schnurführung (6) und auswechselbaren Spulen (aus Metall oder aus Plasten) versehen, von denen die Schnur – von Gewicht des Köders gezogen – abgewickelt wird.

Zum Schleppen schwerer Köder werden Rollen mit sehr feiner Achsendrehung – Multirollen (7) – verwendet, die heute vor allem in den USA und in Nordeuropa Verbreitung gefunden haben (bekannt ist insbesondere die schwedische Marke Ambassador der Firma ABU). An allen modernen Rollentypen findet man einen Schnurordner (5a). Zum Angeln von Seefischen werden Multirollen großer Abmessungen benutzt.

Verschiedene Rollen

a 5

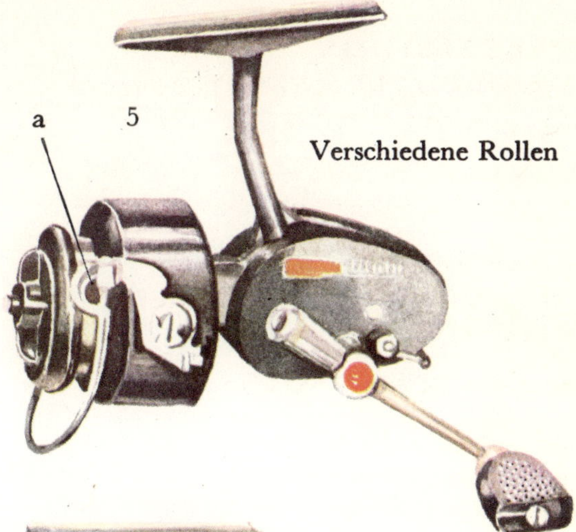

6

7

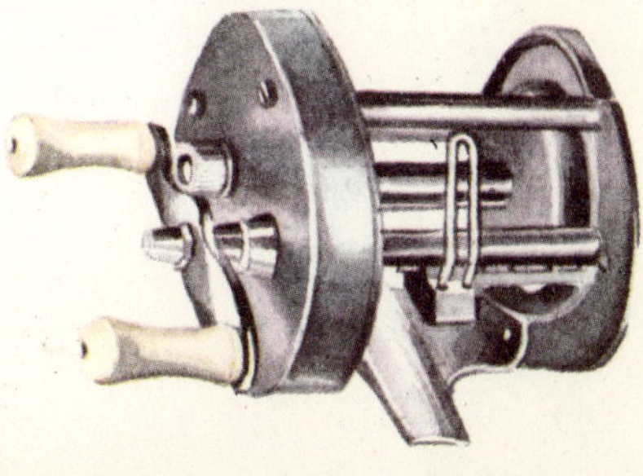

VERZEICHNIS DER DEUTSCHEN NAMEN

VERZEICHNIS DER WISSENSCHAFTLICHEN NAMEN

Inhalt